职业教育经济管理类"十四五"系列教材

国际贸易实务
（第2版）

主　编　田中宝　朱燕萍
副主编　曾　珍　周　沫　胡丹丹
参　编　赵珂辉　邱涌权

华中科技大学出版社
http://www.hustp.com
中国·武汉

图书在版编目(CIP)数据

国际贸易实务/田中宝,朱燕萍主编.—2 版.—武汉:华中科技大学出版社,2022.10
ISBN 978-7-5680-8770-4

Ⅰ.①国… Ⅱ.①田… ②朱… Ⅲ.①国际贸易-贸易实务 Ⅳ.①F740.4

中国版本图书馆 CIP 数据核字(2022)第 174436 号

国际贸易实务(第 2 版) 田中宝 朱燕萍 主编
Guoji Maoyi Shiwu(Di-er Ban)

策划编辑:聂亚文
责任编辑:段亚萍
封面设计:孢 子
责任监印:朱 玢

出版发行:华中科技大学出版社(中国·武汉)　　电话:(027)81321913
　　　　　武汉市东湖新技术开发区华工科技园　　邮编:430223

录　排:武汉创易图文工作室
印　刷:武汉市籍缘印刷厂
开　本:787mm×1092mm　1/16
印　张:12.25
字　数:314 千字
版　次:2022 年 10 月第 2 版第 1 次印刷
定　价:42.00 元

本书若有印装质量问题,请向出版社营销中心调换
全国免费服务热线:400-6679-118　竭诚为您服务
版权所有　侵权必究

前言

新冠肺炎疫情给世界政治和经济格局带来重大影响,使得我国企业的进出口活动发生重大变化。新形势对外贸企业国际市场风险处理能力提出了更高要求,特别强调从业人员对外贸知识的综合运用能力、实际业务的操作能力、防范和解决业务风险的能力。

本书以习近平新时代中国特色社会主义思想为指导,全面融入课程思政元素,将职业素养提升与职业技能提升融为一体,实现立德树人的根本任务。本书依据中等职业学校商贸类专业"国际贸易实务"课程标准编写,并具备以下特色:

1. 全书突破传统教材的编写模式,从中职生的实际特点出发,图、表、文并茂,工学结合、理实一体。

2. 全书采用项目、任务组织教学单元,任务描述、任务准备、任务实施完全对应,拓展提升、巩固提高紧扣任务内容,步骤清晰,无论是初学者还是深入研究者均易上手。

3. 全书既强调基本专业技能的掌握,又突出职业素养的引导,将中华传统文化、职业道德、劳动教育等思政元素融入课堂。

本教材由佛山市南海信息技术学校田中宝负责总体设计,并编写项目一、项目二;佛山市南海信息技术学校朱燕萍老师编写项目三,并协助第一主编完成统稿工作;项目四由大连市交通口岸职业技术学校周沫编写;项目五、项目七由重庆市九龙坡职业教育中心胡丹丹老师编写;项目六由西藏林芝市职业技术学校邱涌权编写;项目八由大连市交通口岸职业技术学校赵珂辉编写;项目九由佛山市南海信息技术学校曾珎编写。本课程建议学时如下:

项目序号	项目名称	项目建议学时
一	合同的标的	4
二	贸易术语与价格	12
三	国际货物运输与保险	10
四	国际货款结算	10
五	进出口商品检验检疫与报关	4
六	争议的预防与处理	10
七	国际贸易合同的履行	4
八	国际贸易方式	8
九	合同和信用证的阅读与修改	10

本书可以作为应用型本科、高职高专院校国际经济与贸易专业、国际贸易实务专业、国际商

务专业、跨境电商专业等的教材,也可以作为中等职业技术学校国际贸易专业、国际商务专业、跨境电商专业等的教材,还可以作为从事外贸业务的人员的自学辅导书。

本书在出版过程中,得到了华中科技大学出版社和广东省高职教育商业类专业教学指导委员会的大力支持,在此感谢华中科技大学出版社的编辑们对本书付出的大量的指导和修改工作,感谢广东省商指委杨群祥主任及孔繁正秘书长的鼎力支持,还得感谢提供进出口合同范本、案例及其他实践资料的华航星国际物流(深圳)有限公司的邓景辉总经理。

当今知识更新迭代的速度非常快,加上编者水平有限,书中难免存在不足之处,恳请读者批评指正,我们将在今后的修订中完善。

目录

项目一 合同的标的 1

    任务一   对国际贸易的基本认知 1

    任务二   理解商品的品名和品质 6

    任务三   理解商品的数量 12

    任务四   理解商品的包装 19

项目二 贸易术语与价格 25

    任务一   认识贸易术语 25

    任务二   《2020通则》中常用的贸易术语 32

    任务三   价格计算 43

项目三 国际货物运输与保险 49

    任务一   认识国际货物主要运输方式 49

    任务二   掌握国际货物运输单据 58

    任务三   认识国际货物运输的风险 66

    任务四   掌握国际货物运输保险 74

项目四 国际货款结算 85

    任务一   认识国际货款结算票据 85

    任务二   理解汇款和托收 91

    任务三   掌握信用证方式 96

    任务四   理解结算方式的综合应用及其风险防范 101

项目五 进出口商品检验检疫与报关 107

    任务一   认识进出口商品检验检疫 107

任务二　认识进出口货物报关 112

项目六　争议的预防与处理 118
　　任务一　争议与索赔 118
　　任务二　不可抗力 123
　　任务三　仲裁 129

项目七　国际贸易合同的履行 137
　　任务一　交易磋商与签约 137
　　任务二　签订国际贸易合同 144

项目八　国际贸易方式 150
　　任务一　理解经销、代理和拍卖、寄售 150
　　任务二　理解加工贸易和期货交易 157
　　任务三　理解跨境电商新型国际贸易方式 160
　　任务四　了解国际贸易的新业态发展 164

项目九　合同和信用证的阅读与修改 170
　　任务一　阅读英文合同和信用证主要条款 170
　　任务二　审核信用证 182
　　任务三　修改信用证 188

参考文献 190

项目一　合同的标的

【项目目标】

知识目标：
1. 能对国际贸易实务工作有初步认识。
2. 认识商品的名称、品质、数量和包装条款的重要性。
3. 能理解关于商品名称、品质、数量和包装条款的一些常见名词。

技能目标：
1. 理解法律、公约、惯例的联系与区别。
2. 能识别一些常见名词英文缩写，并能读懂较为简单的中英文条款。
3. 能对国际贸易中常见的案例进行初步分析。
4. 能纠正合同中关于名称、品质、数量和包装条款的一些不正确表达。

情感目标：
1. 初步奠定对从事国际贸易事业的职业认同。
2. 能初步认识改革开放以来，我国外贸事业的快速发展，坚定社会主义制度认同。

任务一　对国际贸易的基本认知

欲从事外贸工作，必须对国际贸易有一个基本认识。本任务主要了解国际贸易的特点及其国际惯例。

任务描述

小张、小李、小陈都是浙江省东阳市职业学校的学生。浙江省东阳市是中式红木家具集聚地区，他们三人的家庭背景或多或少与红木家具有关。他们对自己的职业生涯进行了规划，他们的共同特点是：英语能力比较强，有较强的开拓意识和能力。为此，他们将来想从事国际贸易工作，打算先从销售做起，最后做大做强红木家具产业。但是问题来了，他们三人听说，国际贸易比国内贸易要复杂很多，又有很多法律、惯例和公约要了解，弄不好，可能"血本无归"。为此，他们需要了解国际贸易究竟有什么特点，各种惯例、法律和公约又有何联系与区别。

任务准备

国际贸易实务又称为进出口贸易实务，是一门既专门研究国际商品买卖理论又研究实际业务操作的课程。国际贸易的定义分为狭义和广义两种:狭义的国际贸易仅指货物的进出口;广义的国际贸易包括货物进出口、技术进出口和服务进出口。由于国际分工,世界上各个国家和地区之间必然发生货物、技术、服务的流动,从而产生国际贸易。在国际货物贸易中,买卖双方订立、履行合同及处理合同争议时,都应遵循相关的贸易法律与惯例。由于交易双方处在不同的国家,其国内法律体系和法律制度不同,对外缔结或参加的国际公约与协定以及对国际贸易惯例的选择和运用情况彼此有别,因此,国际货物贸易中的每笔交易、每个合同和处理每项争议所适用的法律也都各有差异。这就需要我们了解国内法律和国际公约的相关规定,以免因法律适用差异而造成损失。

一、国际贸易的基本特点

国际贸易货物买卖是一个国家(地区)同世界其他国家(地区)进行的货物交易活动。它具有以下特点。

(1)国际性。由于国际贸易货物买卖在两个国家(地区)之间进行,所以涉及两个国家(地区)的法律体系、贸易政策和措施。

(2)风险性。国际贸易货物买卖交易金额与数量,相对国内贸易而言,都比较庞大。从签订合同到完成合同,往往会持续较长时间,经历较多环节,交易双方要承担诸多风险,包括商业风险、信用风险、商品风险、运输风险和汇率风险等。

(3)复杂性。国际贸易货物买卖对外贸从业人员提出了较高要求,需要他们具备商品知识、营销知识、报关报检知识、国际货运知识、保险知识、金融知识、国际商务礼仪知识、外语知识及计算机知识,以便熟练应对国际贸易的各个环节。

二、国内法

国内法是指由国家制定或认可并在本国主权管辖范围内生效的法律。在国际货物贸易中,双方当事人都要遵循各自所在国国内的有关法律,其中与国际贸易联系最为密切的国内法律当属合同法。

1. 法律适用问题

由于进出口合同的双方当事人所在国的法律制度不同,故对同一个问题可能出现不同的法律规定或解释。为解决这种法律冲突,一般在国内法中会规定解决冲突的办法。根据《中华人民共和国民法典》第五百九十四条规定:因国际货物买卖合同和技术进出口合同争议提起诉讼或者申请仲裁的时效期间为四年。国际贸易买卖合同成立条件包括当事人有民事行为能力,是真实意思表示,不违反法律、行政法规的强制性规定,不违背公序良俗。依据我国相关法律的规定,涉外合同的当事人可以选择处理合同争议适用的法律,法律另有规定的除外;涉外合同的当事人没有选择的,适用与合同有最密切联系的国家的法律。

2. 我国的国内法涉及国际贸易的主要法律

例如《中华人民共和国民法典》《中华人民共和国海商法》《中华人民共和国票据法》《中华人民共和国对外贸易法》《中华人民共和国海关法》《中华人民共和国进出口商品检验法》《中华人

民共和国仲裁法》。

三、国际条约

(1)国际条约的含义及作用。国际条约是两个或两个以上的主权国家为确定彼此的政治、经济、贸易、文化、军事等方面的关系、权利和义务缔结的各种协议(诸如公约、协定和议定书等)的总称。

(2)国际商事中的主要国际公约。如《联合国国际货物销售合同公约》《统一提单的若干法律规则的国际公约》(简称《海牙规则》)、《联合国海上货物运输公约》(简称《汉堡规则》)、《保护工业产权巴黎公约》等。

四、国际贸易惯例

国际贸易惯例是在国际贸易的长期实践中,人们为简化手续、提高效率和减少贸易纠纷,逐渐形成和发展起来的一些较为明确、固定的贸易习惯和一般做法。国际贸易惯例虽然不是法律,但如果合同中没有明确排除惯例,那就要按照惯例来行事,否则当事双方要承担相应的法律后果。因此,国际贸易惯例是人们从事国际货物买卖活动应当遵循的基本准则,也是国际贸易有关法律的重要渊源之一。我们必须了解国际贸易惯例,对于一些重要的惯例,要熟练掌握并能运用到国际贸易实践中去。国际贸易惯例主要有:国际商会《2020年国际贸易术语解释通则》(INCOTERMS 2020)、《跟单信用证统一惯例》(UCP 600)、《托收统一规则》(URC 522)。本教材主要研究国际商会《2020年国际贸易术语解释通则》。

1. 国际贸易惯例的性质

国际贸易惯例本身不是法律,它以当事人的自愿为基础,对贸易双方不具有强制性约束力,故买卖双方有权在合同中做出与惯例不符的规定。只要合同有效,双方均要履行合同规定的义务,一旦发生争议,法院或仲裁机构会严格依据合同条款进行判决或裁决,从而维护合同的有效性。

2. 国际贸易惯例的作用

尽管国际贸易惯例是以当事人的自愿为前提的,但是,需要特别注意的是,国际贸易惯例对贸易实践仍然具有十分重要的作用,主要体现在如下三个方面。

第一,明确约定依某惯例行事,则该惯例具有强制约束力。

如果双方都同意采用某惯例来约束该项交易,并在合同中明确规定,那么该惯例就具有强制约束力。

第二,未明确约定适用某惯例,通常该惯例也具有约束力。

如果双方在合同中没有明确注明是否适用某惯例,在履行合同中发生争议时,受理该争议案的法院或仲裁机构往往会援引某国际贸易惯例进行判决或裁决,因此,即便贸易双方未明确约定适用某惯例,该惯例通常也具有法律约束力。

第三,《联合国国际货物销售合同公约》对国际贸易惯例的规定。

《联合国国际货物销售合同公约》对国际贸易惯例做了明确规定,即当事人在合同中没有排除适用的惯例,可作为当事人默示同意该惯例,则该惯例对双方当事人具有法律约束力。

案例1-1

2022年4月,中国A公司与美国B公司签订了一份出口货物合同,该合同中并没有约定处理合同争议所适用的法律。A公司向美国C船公司订舱并完成装运后,C船公司签发了一式三份记名提单,提单记载的承运人为美国C船公司,收货人为美国B公司,装货港为广州,卸货港为旧金山,运费预付,提单背面印有"货物的收受、保管、运输和交付受本提单所证明的运输合同条款调整,适用《1936年美国海上货物运输法》"字样。货物运抵纽约后,B公司用提单副本提货,C船公司将货物放给了B公司。B公司提货后未依合同规定向A公司付款。A公司将C船公司告到某海事法院,请求法院判令美国C船公司赔偿因无正本提单放货而对其造成的经济损失共计16万美元。

问题:C船公司是否应承担赔偿责任?

【案例分析】

合同中并没有明确约定处理合同争议所适用的法律。此种情况下,应适用与合同有最密切联系的国家的法律处理争议。2022年10月,该海事法院经审理认为,处理本案应依照提单背面条款确定的适用法律,由于双方争议发生在交货地美国,依最密切联系原则也应适用美国法律,故以美国法律为准据法。依照美国《统一商法典》的相关规定,承运人将货物交给记名提单的收货人即完成交货义务,无须收货人出示提单正本,故判决被告不承担赔偿责任。

【案例反思】

本案例考察了对国际贸易法律、公约和惯例的基本认识,同时也考察了关于海运提单的一些基本知识点。海运提单的相关知识将在后面学习到。故一宗案例的分析解决,往往是错综复杂的,需要我们有多个方面的知识。故国际贸易具有国际性、风险性和复杂性。

任务实施

第1步 分析国际贸易的基本特点。

特点①	
特点②	
特点③	

第2步 谈谈你对处理合同争议所适用的法律的理解。

项目一　合同的标的

理解①	
理解②	

第3步　国际贸易惯例不是法律，请你谈谈国际贸易惯例在对外贸易中的重要地位，至少谈3点。

地位①	
地位②	
地位③	

第4步　通过任务，正在学习的你可以汲取什么经验？

层面	回答
职业素养方面的经验	
职业技能方面的积累	

拓展提升

2022年3月28日，濒危野生动植物种国际贸易公约组织发布本年度第21号缔约方通知，敦促所有进口刺猬紫檀的国家拒绝刺猬紫檀的出口许可，并停止该物种一切贸易。16个公约成员国将有一个月做出反应，除非有合法理由，否则这项全面贸易"禁令"将于4月27日生效。对此，国家濒管办已要求暂不受理任何进口刺猬紫檀的申请。刺猬紫檀属于国标红木，是当前国内主流红木用材之一。其制作的家具性价比高，广受消费者欢迎，木材需求量持续增长。由于非法砍伐和贸易，非洲各大主产国的野生刺猬紫檀资源遭到严重破坏，目前刺猬紫檀已被列入《濒危野生动植物种国际贸易公约》附录管制。若此次刺猬紫檀国际贸易全面暂停，国内家具厂商将面临原料紧缺压力。有"亲民红木"之称的刺猬紫檀家具也或将面临涨价。

巩固提高

一、判断题

1. 国际贸易惯例就是法律。（　　）
2. 国际贸易中,国际贸易惯例以当事人的自愿为基础,对贸易双方不具有强制性约束力,故买卖双方有权在合同中做出与惯例不符的规定。（　　）

二、多项选择题

1. 国际贸易的基本特点有（　　）。
   A. 国际性　　　　B. 风险性　　　　C. 复杂性　　　　D. 创新性
2. 下列属于国际商事中的主要国际公约的有（　　）。
   A.《联合国国际货物销售合同公约》
   B.《统一提单的若干法律规则的国际公约》
   C.《联合国海上货物运输公约》
   D.《保护工业产权巴黎公约》
3. 下列属于国际贸易惯例的有（　　）。
   A.《2020 年国际贸易术语解释通则》　　B.《跟单信用证统一惯例》
   C.《保护工业产权巴黎公约》　　　　　　D.《托收统一规则》

任务二　理解商品的品名和品质

国际贸易中,首先需要确定进出口商品的品名和品质,确定品名和品质,需要注意哪些问题?

任务描述

洛川县是陕西省延安市的市辖县。1937 年 8 月 22 日至 25 日,中共中央政治局在这里召开了扩大会议,是在抗日战争全面爆发的历史转折关头召开的一次重要会议,会议制定了党的全面抗战路线,史称"洛川会议"。

"洛川苹果甲天下",它作为中国苹果的优秀代表,出口许多国家,每公斤的价格高达 15 美元,相当于 4 美元/个。它还曾获得一系列响当当的荣誉:中国女排专供苹果、上海世博会专供苹果、广州亚运会专供苹果、北京奥运会专供苹果、APEC 领导人峰会专供苹果。

2022 年 1 月,小张刚进入陕西省延安市某企业,小张作为该企业的外贸业务员经手了公司的一笔业务:该公司向外商出口一批苹果,合同及对方开来的信用证上均写的是"洛川红富士,三级品",但卖方交货时才发现三级苹果库存告罄,于是小张建议公司改以二级品交货,并在发票上加注:"二级苹果仍按三级计价,不另收费"。对于这一件事,小张的做法是否妥当呢?

任务准备

一、商品的品名

(一)什么是商品的名称

商品的名称(name of commodity):能使一种商品区别于其他商品的一种称呼或概念。商品的名称在一定程度上体现了其自然属性、基本用途以及性能特征。

(二)表述商品名称的方法

(1)按商品的主要用途命名:突出商品的用途,以便于消费者根据自身需要进行选购,如洗衣机、运动服、自行车、跑步机等。

(2)按商品的主要原料命名:通过突出商品所使用的主要原料体现商品的品质,如羊毛衫、皮夹克、玻璃杯、羽绒服等。

(3)按商品的主要成分命名:有利于消费者了解商品的有效内涵,如巧克力奶糖、人参蜂王浆、钙片、高钙高铁奶粉。

(4)按商品的外观造型命名:容易让消费者了解商品的外观特征,如连衣裙、凉鞋、喇叭裤、高跟鞋等。

(5)按商品产地的名胜古迹、著名人物命名:如孔府家酒、西湖龙井茶等。

(6)按商品的制作工艺命名:提高商品的身价,增强消费者的信任,如精制油、手工编织毛衣等。

二、商品品名条款

对于国际贸易合同中商品名称的条款内容,目前并无统一的格式和规定,一般是由交易双方酌情商定。

1. 在国际贸易合同中列明商品名称的意义

从法律角度看,合同标的物的具体名称,关系到买卖双方在货物交接方面的权利和义务。按照有关法律和商业惯例,对买卖商品具体形象的描述,是构成商品说明的重要组成部分,是买卖双方交接货物的基本依据,是买卖合同中的主要交易条件。

从业务角度看,商品的名称或说明的规定是交易双方的物质内容,是交易赖以进行的物质基础和前提条件。

2. 拟订商品的名称条款时应注意的问题

第一,商品的名称必须具体、明确。商品的名称必须做到内容明确、具体,文字的描述应该能确切反映商品的特点。要避免空泛、笼统的规定,以利于合同的顺利履行。

第二,商品的名称应该国际化。一般一种商品具有一个名称,但有的商品名称繁多,叫法不一。为了避免给履行合同带来麻烦,应该采用国际上通行的名称。特别是使用外文和中文对照的名称,一定要使外文和中文的意思一致,防止产生纠纷。

第三,商品的名称应该实事求是,切实反映商品的实际情况。合同中商品的名称必须是卖方有把握供应的货物,也是买方需求的特定的货物。凡是做不到或不必要描述的词句,都不应列入。

第四,要考虑商品名称和运费、海关税则的关系。目前通行的班轮运费是按货物名称规定划分计收运费标准的。因此,品名不同,运费计算标准可能就不同。此外,商品名称还可能与有关国家的海关税则和进出口限制规定有关系。

案例1-2

2021年12月,浙江某企业向韩国某客户出口汽车配件,品名为QZ-8303R/L,但生产企业提供了QZ-8304R/L,这两种型号的产品在外形上非常相似,但用在不同的车型上,因此客户不能接受,要求卖方调换产品或降低价格。卖方考虑到退货相当麻烦,费用很高,因此只好降低价格15%,了结此案。

【案例分析】

商品的品质是国际货物买卖合同中不可缺少的主要条件之一,是十分重要的条款。卖方属于重大违约,因此赔偿对方损失是不可避免的。

【案例反思】

作为外贸工作者,必须要清晰地表达商品品名,有时一字之差却差之万里。因此,我们在工作中,必须要养成严谨、认真、细致的好习惯,避免给单位造成不必要的损失,也使自己的职业生涯蒙污。

三、商品的品质

商品的品质(quality of goods),是指商品的内在质量和外观形态的综合,前者如商品的化学成分、物理性能、生物特征、技术要求等;后者如商品的外形、款式、色泽、味道和透明度等通过感觉器官可以直接获得的商品外形特征。

在国际贸易中,商品的品质是交易的主要条件之一。国际货物买卖合同中的品质条款是买卖双方交接货物的依据。《联合国国际货物销售合同公约》规定,卖方交付货物,必须符合合同约定的质量。如卖方交货不符合约定的品质条件,买方有权索赔,也可以要求修理或交付替代物,甚至拒收货物和撤销合同。另外,商品品质的优劣关系到商品使用价值的发挥与价格的高低,影响到商业信誉和国家声誉。因此,我们要不断提高出口商品质量,同时把好进口商品质量关。

(一)品质条款的规定

在品质条款中,一般要写明商品的名称和规格、等级等,或说明样品的编号和日期。根据商品的特性,可分别采用文字说明或样品或两者兼用。但由于品种不同,表示品质的方法不一,故品质条款的内容及其繁简,应视商品特性而定。规定品质条款,需要注意下列事项:

(1)正确运用各种表示品质的方法。

(2)品质条款要有科学性和合理性。

(3)可规定一定的品质机动幅度:交货品质与样品大致相同或类似条款;品质公差(适用于机械产品);品质机动幅度(适用于初级产品)。例如:中国花生仁,水分13%(max);不完善粒5%(max);含油量44%(min)。

(二)常见的几个概念

(1)卖方样品(seller's sample)。

由卖方提供的样品称为"卖方样品"。凡卖方样品作为交货的品质依据者,称为"凭卖方样品买卖"。在此情况下,在买卖合同中应订明:"品质以卖方样品为准"(Quality as per seller's sample)。日后,卖方所交正货(bulk)的品质,必须与提供的样品相同。

(2)买方样品(buyer's sample)。

买方为了使其订购的商品符合自身要求,有时提供样品交由卖方依样承制,如卖方同意按买方提供的样品成交,称为"凭买方样品买卖"。在这种场合,买卖合同中应订明:"品质以买方样品为准"(Quality as per buyer's sample)。日后,卖方所交正货的品质,必须与买方样品相符。

(3)对等样品(counter sample)。

在实际业务中,如卖方认为按买方来样供货没有切实把握,卖方可以根据买方来样仿制或从现有货物中选择品质相近的样品提供给买方,这种样品称为对等样品或回样。

(4)良好平均品质(fair average quality,简称FAQ)。

良好平均品质是指一定时期内某地出口货物的平均品质水平,一般指中等货而言。大体上有几种解释:指农产品的每个生产年度的中等货;指每一年度或每一装船月份在装运地发运的同一商品的"平均品质";指大路货,是和"精品货"相对而言的。

(三)品质机动幅度和品质公差

1. 品质机动幅度

品质机动幅度是指允许卖方所交商品的品质指标可在一定幅度内掌握。在国际贸易中一般可采用下列方法规定品质机动幅度:

(1)规定一定的范围。对品质指标的规定允许有一定的差异范围。例如"漂布,幅阔35~36英寸",卖方交付的漂布,只要在此范围内,均算合格。

(2)规定一定的极限。对所交货物的品质规格,规定上下极限,即最大、最高、最多为多少,最小、最低、最少为多少。如"花生,含水量最大不超过13%,含油量最小不低于44%"。

(3)规定上下允差。如"灰鸭毛,含绒量18%,上下1%",即含绒量在17%到19%范围内都可以。

2. 品质公差

在工业制成品的交易中,还有品质公差(quality tolerance)的概念。品质公差是指国际上公认的产品品质的误差。只要卖方交货品质在公差范围内,不能视作违约。

交货品质如在品质机动幅度和品质公差范围内上下浮动,一般均按合同单价计价。

案例1-3

【翻译训练】

Chinese Groundnut 2021 Crop. FAQ

Moisture (max) 13%;

Admixture (max) 5%;

Oil Content (min) 44%。

【翻译】

中国花生 2021年作物 良好平均品质

水分(最多)13%;

杂质(最多)5%;

含油量(最少)44%。

任务实施

第1步　分析合同条款中关于品名和品质的表示方法。

名称	A	B	C	D	你的选择
洛川红富士	按商品主要原料	按商品主要成分	按商品外观造型	按商品产地	
三级品	按一定范围	按一定级别	按一定极限	规定上下允差	

第2步　二级苹果代替三级苹果,相当于以好充次,是否妥当?(　　)
A. 妥当　　　　　　　　B. 不妥当

第3步　买方收到二级苹果后,是否有权提出拒付或索赔?(　　)
A. 有权　　　　　　　　B. 无权

第4步　如买方有权或无权要求拒付或索赔,请分析买方要求合理的地方。

原因:_____

_____

_____

第5步　此时延安市某公司的小张,是否有措施补救?(　　)
A. 有　　　　　　　　　B. 无

第6步　如有补救措施,其措施是什么?

措施:_____

_____

_____

第7步　通过任务,正在学习的你可以汲取什么经验?

层面	回答
职业素养方面的经验	
职业技能方面的积累	

拓展提升

2021年以来,新冠肺炎疫情下的世界经济艰难复苏,全球供应链受阻问题愈发突出,全球贸易航运和物流系统遭受空前冲击。但在全球供应链受阻背景下,中国外贸表现出强大韧性,实现了较快增长。海关总署于2022年1月14日发布数据,2021年,我国货物贸易进出口总值39.1万亿元,同比增长21.4%,规模再创历史新高。

问题:中国外贸为何能展现出强劲韧性和活力?请同学们各抒己见。

巩固提高

一、单项选择题

1. 凡凭样品买卖,如合同中无其他规定,则卖方所交的货物(　　)。
   A. 可以与样品大致相同　　　　B. 许可合理的公差
   C. 必须与样品一致　　　　　　D. 应该与说明书一致

2. 某公司出口大豆一批,合同规定大豆的水分最高为14%,含油量最低为18%,杂质最高为1%,这种规定品质的方法是(　　)。
   A. 凭规格买卖　　B. 凭等级买卖　　C. 凭标准买卖　　D. 凭样品买卖

3. 以实物表示商品品质的方法是(　　)。
   A. 凭样品买卖　　B. 凭标准买卖　　C. 凭商标买卖　　D. 凭等级买卖

4. 关于参考样品的说法正确的是(　　)。
   A. 不作为交货质量依据
   B. 卖方交货质量须与参考样品完全一致
   C. 参考样品也叫确认样品
   D. 由卖方提供

5. 一出口合同规定商品为"中国东北大米",该买卖为(　　)。
   A. 凭样品买卖　　　　　　　　B. 凭等级买卖
   C. 凭产地名称买卖　　　　　　D. 凭商标买卖

6. 一出口合同规定商品为"'TCL' Brand Color Television Set, PAL System, 220 V, 50 Hz, 2 round pin plug, with remote control",关于该买卖,下列说法错误的是(　　)。
   A. 该交易为凭标准买卖　　　　B. 该交易为凭商标买卖
   C. 该交易为凭规格买卖　　　　D. 该交易为凭商标与规格买卖

二、多项选择题

1. 卖方根据买方来样复制样品,寄送买方并经其确认的样品,被称为（　　）。
   A. 复样　　　　　　　　　　　B. 回样
   C. 原样　　　　　　　　　　　D. 对等样品

2. 凭商品或牌号买卖,一般只适用于（　　）。
   A. 一些品质稳定的工业制成品　　B. 经过科学加工的初级产品
   C. 机器、电器和仪表等技术密集产品　D. 造型上有特殊要求的商品

三、翻译练习

1. Christmas bears, item S312, 16 cm, wearing a hat and scarf. Details according to the samples sent by the seller on August 20, 2021.

2. Buyer's designs are to reach the seller 60 days before the month of shipment and subject to the acceptance and minor modification/adjustments by the manufacturers and with reasonable tolerance in color shade allowed.

3. Welsh brand football, item No. WS18, hand-stitched leather, FIFA approved game ball.

四、素养提升

国内某单位向英国出口一批大豆,合同规定水分最高为14%,杂质不超过2.5%。在成交前该单位曾向买方寄过样品,订约后该单位又电告买方成交货物与样品相似。当货物运到英国后,买方提出货物与样品不符,并出示相应的检验证书证明货物的质量比样品低7%,并以此要求该单位赔偿15 000英镑的损失。

问题:
(1)在此情况下该单位是否可以以该项交易并非凭样品买卖而不予理赔?
(2)作为外贸从业人员,从本案中,我们可以汲取什么经验和教训?

任务三　理解商品的数量

在外贸中,应该如何确定商品的数量?有哪些注意事项?

任务描述

小陈毕业后,刚入职天津市某公司,该公司与日本一商人按每公吨2 000美元CIF东京条件签订了一份出口山东莱阳特级花生2 000公吨的合同,合同规定包装方式为双线新麻袋,每袋25千克,用信用证方式结算货款。该公司按照信用证的要求完成了交货任务,并顺利结算了货款。待日本客户收到货物复验后发现:该公司所交货物扣除皮重后,实际到货不足2 000公吨。因此,日方发来电传要求该公司按净重计算价格,并退回多收的货款。小陈陷入沉思,不知所措。他应该如何处理这个纠纷呢?

一、商品数量的意义

商品数量是国际货物买卖合同中不可缺少的主要交易条件之一。合同中的数量条款是双方交接货物的数量依据。卖方必须按规定的数量交货,而买方则必须按规定的数量收货并支付货款。《联合国国际货物销售合同公约》中规定:卖方交付的货物必须与合同所规定的数量相符。如果卖方交货数量多于约定数量,买方可以收取也可以拒绝收取多交部分的货物。如果卖方交货数量少于约定数量,卖方应在规定的期限内交付任何缺漏部分或补足所交付货物的不足数量,但不得使买方遭受不合理的不便或承担不合理的开支。但是,买方保留本公约所规定的要求损害赔偿的任何权利。

案例1-4

中国某公司从国外进口小麦,合同规定:数量500万公吨,每公吨100美元。而外商装船时共装运了520万公吨,对多装的20万公吨,我方应如何处理?我方是否有权拒收全部小麦?

【案例分析】

根据《联合国国际货物销售合同公约》规定,如果卖方交付的货物数量大于合同规定的数量,买方可以收取也可以拒绝收取多交部分的货物。如果买方收取多交部分货物的全部或一部分,收取的部分应按照合同价格付款。如果我方收取多交小麦的全部或一部分,要按每公吨100美元付款。

【案例反思】

如果在本案中,外商不是多装运了20万公吨,而是少装了20万公吨,买方可以如何处理?

二、计量单位和计量方法

商品数量(quantity)是指以国际通用或买卖双方约定的度量衡表示货物的重量、个数、长度、面积、容积等的量。在实际业务中,除非另有规定,均应使用法定计量单位。下面对各种计量方法进行简要介绍:目前常用的度量衡制度有米制、英制、美制和国际单位制。米制(the metric system),又称公制。它采用十进制,换算方便。英制(the British system),它不采用十进制,换算不方便,使用范围在逐渐减小,如英尺(foot)、英寸(inch)等。美制(the U. S. system),它是以英制为基础的,多数计量单位的名称与英制相同,但含义有差别,主要体现在重量和容量单位中,如短吨(short ton)等。国际单位制(the international system of units,SI),它是在米制的基础上发展起来的,有利于计量单位的统一和计量制度的标准化。《中华人民共和国计量法》第三条明确规定:"国家实行法定计量单位制度。国际单位制计量单位和国家选定的其他计量单位,为国家法定计量单位。"

(一)计量方法

1. 按重量(weight)计算

按重量计算是当今国际贸易中广为使用的一种计量方法,例如许多农副产品、矿产品和工业制成品,都按重量计量。常见计量单位有公吨、长吨、短吨、公斤、克、盎司等,基本换算为:

公制:　　　　　　　　1公吨＝1 000千克

英制:　　　　　　　　1长吨＝1 016千克

　　　　　　　　　　　1千克＝2.204 6磅

美制:　　　　　　　　1短吨＝907.2千克

　　　　　　　　　　　1千克＝35.274盎司

2. 按数量(number)计算

大多数工业制成品,尤其是日用消费品、轻工业品、机械产品以及一部分土特产品,均习惯于按数量进行买卖。常见计量单位有双、套、打、卷、令、罗以及个、台、组、张、袋、箱、桶、包等,基本换算为:

$$1罗＝12打$$
$$1令＝480张(英制)$$
$$1令＝500张(美制)$$

3. 按长度(length)计算

在金属绳索、丝绸、布匹等商品的交易中,通常采用米、英尺、码等长度单位来计量,基本换算为:

$$1英里＝1 760码＝5 280英尺＝1.609 344公里$$

4. 按面积(area)计算

在玻璃板、地毯等商品的交易中,一般习惯于以面积作为计量单位,常用的有平方米、平方英尺、平方码等,基本换算为:

$$1平方米＝1.195 99平方码＝10.763 9平方英尺＝1 550平方英寸$$

5. 按体积(volume)计算

按体积成交的商品有限,如木材、天然气和化学气体等。常见计量单位有立方米、立方英尺、立方码等,基本换算为:

$$1立方米＝1.308立方码＝35.314 7立方英尺$$

6. 按容积(capacity)计算

各类谷物和液体货物,往往按容积计量。常见单位如公升、加仑、蒲式耳,基本换算为:

$$1加仑＝4.546公升(英制)$$
$$1蒲式耳＝8加仑(英制)$$

(二)一些常见特殊计量方法

根据一般商业习惯,在计量中,往往有些特殊方法,下面简要说明以下几种:

1. 净重

净重(net weight)是指商品本身的重量。按照国际惯例,如合同中对重量的计算没有其他规定,则应以净重计量。有的商品需经包装后才能称量,所得重量为毛重。对价值较低的商品,可以在合同中规定以毛重计量,即所谓"以毛作净"(gross for net)。如果需以净重计算,则必须从毛重中减去包装物的重量,即皮重。计算皮重主要有下列几种做法:

(1)实际皮重,即称量每件包装物的重量。

(2)平均皮重。在包装物比较划一的情况下,可从全部商品中抽取一定件数的包装物,加以称量,求出平均每件包装物的重量。

(3)习惯皮重。适用于规范化的包装方式。包装的重量已为人所共知,无须称量。

(4)约定皮重。双方事先约定的包装重量。

2. 公量

对于含水率不稳定的商品,如羊毛、生丝、棉花等,为准确计算这类商品的重量,国际上通常采用按公量(conditoned weight)计算的方法,即测定商品的实际回潮率(含水率)以计算商品干净重,再换算成公定回潮率的重量。计算公式如下:

$$公量 = [商品实际重量/(1+实际回潮率)] \times (1+公定回潮率)$$
$$= 商品干净重 \times (1+公定回潮率)$$

案例1-5

内蒙古某企业出口羊毛1 000公吨,买卖双方约定标准回潮率是11%,用科学仪器抽出水分后,羊毛净剩800公吨。试问:该企业出口羊毛的公量是多少?

【案例分析】

上述案例可以有两种解题方法。由于羊毛净剩800公吨,故:

解法一: 公量=干量+标准含水量=800公吨+800×11%公吨=888公吨

解法二: 实际回潮率=水分÷干量=(1 000-800)÷800=25%

公量=实际重量×(1+公定回潮率)÷(1+实际回潮率)
=1 000×(1+11%)÷(1+25%)公吨=888公吨

【案例反思】

两种解法解出来的结果一样。你能说一说上述两种解法的异同吗?

3. 理论重量

对一些具有固定规格尺寸的商品,每件重量基本一致,一般可从件数推算出总重量,即所谓理论重量(theoretical weight),以方便买卖双方交接货物。

(三)溢短装条款

买方如果采用的是信用证方式付款,根据《跟单信用证统一惯例》第30条b款的规定,在信用证未以包装单位件数或货物自身件数的方式规定货物数量时,货物数量允许有5%的增减幅度,只要总支取金额不超过信用证金额。即以信用证支付方式进行散装货物的买卖,交货的数量可以有5%的增减机动幅度。但数量以包装单位或个数计数时,此增减幅度不适用。

溢短装条款(more or less clause)即规定卖方实际交货数量可多于或少于合同规定数量的一定幅度的条款,也称增减条款(plus or minus clause)。一般在合同中规定溢短装条款,如

"5 000mt, with 5% more or less at seller's option"。在实际使用时,应注意以下三个问题。

一是数量机动幅度的大小,即溢装或短装的范围,通常用百分比来表示,可以在买卖合同中明确规定。

二是数量机动幅度的选择权归属问题。在大宗散装货物的买卖合同中,除了要明确机动幅度的大小外,还应载明实际装货时,在约定的幅度变化范围内,由谁具体行使这种选择权。

三是溢装部分如何作价问题。在进出口合同中,应对溢装部分的作价办法做出明确规定。溢装部分可以按合同价格计价,也可以低于合同价格,还可以按照交货时某地的期货价格计价。

要注意结算金额与信用证的一致性,因为按照《跟单信用证统一惯例》的规定,除非信用证另有约定,银行可拒绝接受其金额超过信用证允许金额的商业发票。

(四)约定数量条款的注意事项

在国际货物贸易中,商品数量是交易双方交接货物的重要依据,为便于合同履行,避免由于数量条款约定不清导致的贸易纠纷,在约定数量条款时,应注意下列事项。

1. 正确把握成交数量

双方在确定出口商品的成交数量时,应该考虑国外市场的供求状况、国内货源的供应情况、国际市场的价格动态、国外客户的资信情况和经营能力等因素。双方对进口商品数量的把握应该考虑国内的实际需求、国内的支付能力、进口商品的性价比以及市场行情的变化等因素。

2. 合理约定数量的机动幅度

数量机动幅度的大小要适当,数量机动幅度选择权的约定要合理,溢装部分的计价要公平。

3. 数量条款应明确具体

在数量条款中,对于成交商品的具体数量、使用何种计量单位和计量方法、数量机动幅度的大小和选择权归属及溢短装部分如何计价等内容,都要具体明确地表述出来。对成交数量一般不宜采用"大约""近似"等模棱两可的字样表示,以免由于解释上的分歧而造成履约困难。

案例1-6

2022年1月,我国西藏某土特产进出口公司与印度某公司签订了一份出口牦牛肉的合同。合同规定:数量100公吨,每公吨1.5万美元,可有4%的增减,具体由卖方选择。

问题:

(1)如果在交货前市场价格上涨,在不违反合同的情况下,最少可装多少公吨?

(2)如果市场价格下降了,卖方最多可装多少公吨?

【案例分析】

(1)在本案例中,合同中规定溢短装的大小为4%的增减,具体由卖方选择。这样卖方在装船时,可以根据实际情况在±4%的范围内选择,即可在溢短装4公吨的范围内灵活选择具体的交货数量。

(2)如果牦牛肉价格上涨了,卖方就有少交货的动机,在±4%的可选择范围内,卖方最少可装96公吨。如果牦牛肉价格下跌了,卖方就有多交货的动机,在±4%的可选择范围内,卖方最多可装104公吨。

【案例反思】

如果是使用信用证方式进行结算,考虑溢短装时,还应考虑什么因素?

项目一 合同的标的

📡 任务实施

第1步 这个案例,是否涉及《联合国国际货物销售合同公约》?(　　)
A. 是　　　　　　　B. 否

第2步 这个案例,如果涉及《联合国国际货物销售合同公约》,具体是哪个方面的内容?
内容:_____

第3步 日方的要求是否合理?(　　)
A. 是　　　　　　　B. 否

第4步 通过这个案例,国际贸易从业人员在处理商品重量时,应注意哪些方面的问题?请根据自己的理解,列出2点即可。

层面	回答
职业素养方面的经验	
职业技能方面的积累	

📡 拓展提升

新冠肺炎疫情背景下的外贸新业态发展动向

疫情影响下海外国家经济增长速度放缓,或采取极端的贸易保护措施,美欧或对华商品、电商网站、社交平台言论实施限制或封锁,国内跨境电商下架相关产品,跨境电商卖家及跨境电商平台销售业绩或受到一定的影响。预计未来一段时间内,由地缘政治引起的事件的影响还会延续,市场情绪也会不断反复,跨境电商等外贸企业需注意防控外贸摩擦风险。疫情仍是最大不确定因素,全球疫苗供应失衡,跨境货物和人员流动依然受限。其次,在疫情影响下,全球化遭遇逆流,贸易问题政治化直接影响国际化生产、供给和贸易能力,干扰国际贸易秩序。

(资料来源:全国工商联一带一路信息服务平台,2021年11月4日)

📡 巩固提高

一、单项选择题

1. 目前国际贸易中 metric ton 表示(　　)。
   A. 按长吨计算　　B. 按短吨计算　　C. 按公吨计算　　D. 按吨计算

2. 出口日用消费品、轻工业品及机械产品常用的计量单位为(　　)。
   A. 重量单位　　B. 数量单位　　C. 长度单位　　D. 面积单位

3. 国外来证规定数量为10 000公吨的散装货,总金额为50万美元,未标明溢短装,不准分批装运。根据《跟单信用证统一惯例》的规定,卖方发货(　　)。

　　A. 数量可以有 10% 的伸缩

　　B. 数量和金额均可以有 5% 的伸缩

　　C. 数量可以有 5% 的伸缩,金额不得超过 50 万美元

　　D. 数量和金额均不得增减

4. 在交货数量前加上"约"或"大约"字样的,按照《跟单信用证统一惯例》的规定,这种约定可解释为交货数量不超过(　　)的增减幅度。

　　A. 10%　　　　B. 5%　　　　C. 2.5%　　　　D. 1.5%

5. 在国际贸易中最常见的计量办法为(　　)。

　　A. 毛重　　　　B. 净重　　　　C. 理论重量　　　　D. 法定重量

二、多项选择题

1. 国际贸易中计量单位和方法多种多样的原因有(　　)。

　　A. 商品种类繁多　　　B. 商品特点不一　　　C. 各地传统习惯不同

　　D. 各国度量衡制度不同　　E. 商品数量太大

2. "以毛作净"的计算方法可适用于(　　)。

　　A. 包装本身不便分别计量　　B. 包装材料与商品价格差不多

　　C. 包装材料和规格比较标准　　D. 包装价值较低

3. 在货物买卖合同中,数量机动幅度的选择权可由(　　)。

　　A. 船方行使　　　B. 卖方行使　　　C. 买方行使

　　D. 保修公司行使　　E. 开证银行行使

4. 溢短装条款主要包括(　　)。

　　A. 数量机动幅度　　B. 机动幅度选择权　　C. 交货数量

　　D. 计量单位　　　　E. 溢短装部分作价方法

5. 按容积计算时常见的计量单位有(　　)。

　　A. 立方英尺　　　B. 公升　　　C. 立方码

　　D. 加仑　　　　　E. 蒲式耳

三、素养提升

1. 我国某出口公司向某国出口一批黄豆,合同规定:每公吨 180 美元,共计 1 000 公吨,并且数量可增减 10%。从国外开来的信用证中规定金额为 18 万美元,1 000 公吨。我方工作人员认为数量可增减 10%,便以 1 100 公吨发货装运。

问题:我方凭单证向银行议付时是否会造成拒付?为什么?

2. 某公司出口生丝,合同数量为 100 公吨,溢短装 5%,约定标准回潮率为 11%。现有生丝 104 公吨,回潮率为 9%。

问题:

(1)这批生丝标准含水量是多少?

(2)是否符合溢短装条款规定的重量?

(3)应取出多少回潮率为 9% 的生丝?

任务四 理解商品的包装

在外贸业务中,商品包装有哪些注意事项?

任务描述

小陈发现某外贸商品的包装上面印着一些文字和图案,如图 1-1 所示。这些文字和图案,肯定是有一定含义的。这些图案和文字究竟是什么意思呢?小陈需要分析左图和右图文字所代表的意思。

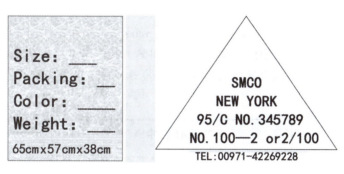

图 1-1 某外贸商品包装上所印文字和图案

任务准备

一、商品包装的作用

《联合国国际货物销售合同公约》规定,卖方须按照合同规定的方式装箱或包装,卖方交付的货物,如未按合同规定的方式装箱或包装,就构成违约。交易双方在签订合同时,一般要对包装问题进行洽商并做出具体规定,包装条件也就成为买卖合同中的一项主要条件。故商品包装在国际贸易中具有举足轻重的作用,具体体现在以下五个方面。

(1)商品包装是商品生产的延续。
(2)商品包装是实现商品使用价值和附加价值的必要条件。
(3)商品包装具有保护商品,便于储存、运输、销售和使用的作用。
(4)商品包装具有美化、宣传商品的作用。
(5)商品包装还反映了一个国家的科学技术、工业水平和文化艺术水平。

二、运输包装

运输包装(shipping packing)又称外包装(outer packing)、大包装(big packing),是指将货物装入特定容器或以特定方式成件或成箱的包装。运输包装的作用是:保护货物在长时间和远距离的运输过程中不被损坏和丢失,方便货物的搬运,减少运费,节省仓租,方便计数等。

1. 运输包装的种类

运输包装可分为单件运输包装和集合运输包装。单件运输包装是指货物在运输过程中作为一个计件单位的包装,包括箱装、包装、桶装和袋装等。常见的单件运输包装有箱(case)、包(bale)、桶(drum)、袋(bag)。集合运输包装又称成组化运输包装,是指为适应运输、装卸工作现代化的需求,将若干单件运输包装组合成一件大包装。常见的集合运输包装有集装箱(container,又称"货柜")、集装袋或集装包(flexible container)、托盘(pallet)。

2. 运输包装的标志

在国际贸易中,为了在装卸、运输过程中便于收货人收货时识别和操作,在商品的外包装上通常都书写或压印由文字、图形和数字组成的特定记号和说明事项,称为包装标志。包装标志也是某些运输单证上不可缺少的内容。包装标志按其用途主要可分为运输标志、指示性标志和警告性标志三种。

(1)运输标志(shipping mark),通常称为唛头(mark),是指印刷在运输包装上,便于有关人员运输和交接货物,防止错发、错运的文字和几何图案。其作用是在装卸、运输、保管过程中,便于收货人收货,也有利于运输、仓储、检验和海关查验等各环节的业务操作。运输标志如图1-2所示。

```
MASTER
London
ZOM/c No. 867789
No:   1 — 20%
```

图1-2　运输标志示例

运输标志一般包含以下内容:收、发货人的代号;目的地的名称或代号;件号、批号。有的运输标志还包括原产地、合同号、许可证号、体积、重量等内容。

(2)指示性标志(indicative mark),又称操作标志,是指根据商品的性能、特性,在包装外部用简单、醒目的图形或文字对一些容易破碎、残损、变质的商品做出指示的标志,以引起有关人员在装卸、搬运、存放和保管过程中的注意,如小心轻放(handle with care)、保持干燥(keep dry)、向上(this way up)、易碎物品(fragile)、禁用手钩(use no hook)等。

(3)警告性标志(warning mark)。有些特殊货物,如爆炸品、易燃品、腐蚀品、氧化剂和放射性物质等,需在外包装上用图形或文字等标志表示其危险性,以便搬运人员注意,保障货物和工作人员的安全,所以称其为警告性标志。部分警告性标志如图1-3所示。

三、销售包装

销售包装(selling packing)又称小包装(small packing)、内包装(inner packing)或直接包装(immediate packing),是指在商品制造出来后,以适当的材料或容器所进行的初次包装。销售包装除了保护商品的品质外,还有美化商品,宣传推广,便于陈列展销、吸引顾客,方便消费者识别、选购、携带和使用,促进销售和提高商品价值的作用。

在销售包装上,一般都附有装潢画面、各种标签和文字说明,有的还印有条形码。近年来,越来越多的进出口商品包装上还印有绿色环境标志(green label)。

图 1-3 部分警告性标志

1. 包装的装潢画面

包装的装潢画面包括图案和色彩。在设计时,要美观大方,富于艺术吸引力,并且要突出商品本身的特点,同时,要注意不同国家和地区的民族习惯和喜好,防止使用进口国忌讳的图案和色彩。

2. 包装的标签和文字说明

在销售包装上应有必要的标签和文字说明。标签和文字说明包括商品名称、商标牌名、数量规格、用途、构成成分和使用方法等。其中使用的文字必须简明扼要,并能让消费者看懂,必要时也可以中外文并用。同时,在设计、使用标签和进行文字说明时,要注意进口国的有关规定。例如:瑞士对进口衬衣规定,衣领上必须有洗涤、熨烫的说明图示,否则不准进口;日本政府规定,凡销往该国的药品,除必须说明成分和服用方法外,还要说明其功能,否则不准进口;我国产品质量法中对某些产品包装标志也有必须使用中文的规定。

3. 部分国家对包装的特殊要求

在国际贸易实务中,还需要关注一些国家对包装的特殊要求。例如美国规定为防止植物病虫害的传播,禁止使用稻草做包装材料,如被海关发现,必须当场销毁,并支付由此产生的一切费用。希腊政府规定,凡出口到希腊的产品包装上必须用希腊文字写明公司名称、代理商名称及产品质量、数量等项目。销往法国的产品装箱单及商业发票必须使用法文,包括标志说明,不以法文书写的应附译文。德国对进口商品的包装禁用类似纳粹和军团符号标志。中东国家规定进口商品的包装禁用六角星图案。销往中东地区的食品、饮料,必须用阿拉伯文说明。新西兰农业检疫所规定,进口商品的包装严禁使用干草、稻草、麦草、谷壳或糠、生苔物、土壤、泥灰、用过的旧麻袋及其他材料。菲律宾卫生部和海关规定,凡进口的货物均禁止用麻袋和麻袋制品及稻草、草席等材料包装。澳大利亚防疫局规定,凡用木箱(包括托盘木料)包装的货物在进口时,均需提供熏蒸证明。

四、中性包装和定牌

1. 中性包装

中性包装(neutral packing)是指在出口的商品和内外包装上不显示生产国别和生产厂商

的一种特殊的包装。

2. 定牌

定牌是指卖方在商品及其包装上采用买方指定的商标或牌名。一般对于国外大量的长期稳定的订货,可以接受买方指定的商标。我国在采用买方的商标或品牌时,标明"中国制造"这种方式更为普遍。

3. 中性包装的做法

一是定牌中性包装。定牌中性包装是指在商品包装上使用买方指定的商标和牌名,但不注明生产厂家和国别的包装。多数国家的超级市场、大型百货公司和专业商场,对其经营的商品,都要在其商品或包装上标示本商场使用的商标或品牌,以扩大知名度和显现该商品的价值。

二是无牌中性包装。无牌中性包装是指在商品和包装上不使用任何商标和牌名,也不注明生产厂家和国别的包装,主要用于有待进一步加工的半成品包装。

案例1-7

缅甸某电动自行车公司与我国广州某电动自行车厂洽谈业务,打算从我国进口YY牌电动自行车1 000辆。但是要求广州电动自行车厂用"湄公河"牌商标,并且在包装上不得注明"Made in China"字样。

问题:广州电动自行车厂是否可以接受该交易?在处理此项业务时,应注意什么问题?

【案例分析】

这是一笔定牌中性包装的交易,一般可以接受。应注意对方的"湄公河"牌是否已经有第三者注册,如果有,则不能接受;如果无法判断,则在合同中写明,若发生工业产权争议,则应由买方负责。

【案例反思】

"湄公河"商标中的湄公河发源于我国,在中国境内叫澜沧江,流经东南亚多个国家,是一条国际河流。

任务实施

第1步 这个包装上的文字和图案属于什么标志?(　　　)

A. 运输标志　　　　　B. 指示性标志　　　　　C. 警告性标志

第2步 这个图案中,左边和右边分别是什么?

左边_____　　　　右边_____

第3步 这种标志一般由_____行组成,每行不得超过_____个英文字码。

第4步 右边的标志,从上到下4行,分别代表什么意思?

行数	含义
第1行	
第2行	
第3行	
第4行	

拓展提升

商品编码

我国于1988年12月成立了中国物品编码中心,负责推广条形码技术,并于1991年4月18日代表我国正式加入国际物品编码协会,自同年7月1日起正式履行该协会会员的权利和义务。国际物品编码协会分配给我国的条形码代号为690、691、692、693、694、695(不包括港、澳、台地区),凡标有以上代号的,即表示是中国大陆出口的产品。此外,我国的图书代码是978,杂志代码是977。

巩固提高

一、单项选择题

1. 包装上仅有买方指定的商标或牌名,而无生产国别的包装方式是(　　)。
 A. 无牌中性包装　　B. 定牌中性包装　　C. 卖方习惯包装　　D. 惯常方式包装
2. "唛头"是运输标志中的(　　)。
 A. 主要标志　　B. 目的地标志　　C. 原产地标准　　D. 件号标志
3. 直接接触商品并随商品进入零售网点与消费者见面的包装叫(　　)。
 A. 运输包装　　B. 销售包装　　C. 中性包装　　D. 定牌
4. 运输包装又称为(　　)。
 A. 小包装　　B. 大包装　　C. 中性包装　　D. 内包装
5. 条形码于20世纪70年代初被美国应用于(　　)。
 A. 银行业　　B. 邮电通信　　C. 图书馆　　D. 食品零售

二、多项选择题

1. 在卖方同意接受买方提供的包装时,合同中包装条款除一般内容外还要订明(　　)。
 A. 寄送包装的方法　　B. 包装送达的日期　　C. 送交包装延迟的责任
 D. 买方负担费用的金额与支付办法　　E. 包装的技术性能
2. 包装条款的内容主要包括(　　)。
 A. 包装材料　　B. 包装方式　　C. 包装规格
 D. 包装标志　　E. 包装费用
3. 商品包装按照在流通领域所起的作用不同分为(　　)。
 A. 运输包装　　B. 销售包装　　C. 中性包装
 D. 定牌生产　　E. 集装箱包装

4.按照国际标准化组织的建议和推荐,标准运输标志的内容包括( )。

A.收货人的英文缩写字母或简称

B.参考号

C.目的地

D.件数号码

E.条形码

5.运输标志的主要内容有( )。

A.主要标志(或唛头)   B.目的地标志   C.原产地标志

D.件号标志   E.体积和重量标志

6.雪花牌糖水洋梨和雪花牌水梨相比,下列叙述正确的是( )。

A.牌名相同   B.品名不同   C.所代表的商品品质不同

D.品种不同   E.标的物不同

7.销售包装的装潢画面要做到( )。

A.美观大方

B.有艺术吸引力

C.突出商品特点

D.适应有关国家民族习惯的爱好

E.有指示性标志

8.采用中性包装的目的是( )。

A.避开进口国家地区的关税和非关税壁垒

B.适应交易特殊需要

C.使出口厂商加强对外竞销

D.使出口厂商扩大出口

E.利用进口方的商业信誉

项目二　贸易术语与价格

【项目目标】

知识目标：

1. 认识3种关于贸易术语的国际惯例。
2. 认识《2020年国际贸易术语解释通则》中的主要贸易术语。
3. 认识佣金、折扣等主要术语。
4. 认识象征性交货与实际交货。

技能目标：

1. 理解贸易术语的关键要领。
2. 能运用3个主要贸易术语的变形。
3. 能对3种主要贸易的报价进行计算。
4. 掌握象征性交货在处理贸易纠纷中的重要意义。

情感目标：

1. 能够初步认识到人民币国际化的重要意义。
2. 通过本项目的学习,进一步加深外贸职业认同。

任务一　认识贸易术语

贸易术语在国际贸易中扮演着极其重要的角色,外贸从业人员必须要学习贸易术语。

任务描述

贸易术语在国际贸易中具有极其重要的作用。某职业学校的小陈听说,关于国际贸易术语,还有不同的国际贸易惯例,不同的国际贸易惯例在表述贸易术语时也不尽相同。他陷入了沉思。在国际贸易中,到底有哪些是关于贸易术语的惯例? 它们又有什么相同和不同呢?

任务准备

一、贸易术语的含义与作用

1. 什么是贸易术语

贸易术语(trade terms)又称贸易条件,是用简短的文字或英文缩写字母来表示商品的价格构成和买卖双方在货物交付过程中各自承担的费用、手续等责任及风险的划分的专业用语。贸易术语可以用文字表示,如"成本、保险费加运费"或"Cost, Insurance and Freight";也可以用由3个英文字母组成的代码表示,如 CIF。

2. 贸易术语的作用

一是明确买卖双方的责任,简化了贸易手续;

二是有利于买卖双方核算成本;

三是有利于解决买卖双方在履行合同中所产生的各种纠纷。

3. 两个关键要领

要想学好国际贸易术语,必须要把握住它们的关键要领。贸易术语主要表达了风险划分和费用分担。国际贸易术语中的风险是指货物发生毁损或灭失的可能性。如果货物真的发生毁损或灭失,什么时候由卖方承担责任,什么时候由买方承担责任,需要准确、清晰地界定。国际贸易术语中的费用分担主要指的是运输费用和保险费用由谁负担。所以,所有的贸易术语首先要回答风险从哪划分,其次回答运费和保险费由谁负担。

案例2-1

中国 A 公司和国外 B 公司签订了一份出口玉米的合同。合同规定的装运期是 2018 年 8 月。2018 年 7 月,中国 A 公司才开始备货,由于备货时间短,货源不足,导致备货缓慢。国外 B 公司认为 A 公司不能在 8 月备货完毕,所以就没有安排租船事宜。A 公司见 B 公司没有及时租船,就停止了继续备货。最后,合同不能履行。双方协商不成诉诸法院,在庭审中,双方各执一词,互相指责对方不履行义务。卖方指责买方不及时派船,买方说:"你不及时备货,我派船去干吗?"卖方说:"你不及时派船,我备货放哪儿?"

问题:买卖双方的理由充分吗?为什么?

【案例分析】

这是典型的船货衔接问题。按 FOB 术语成交,卖方及时备货、买方按时租船订舱是双方应尽的义务。在履约时,备货与派船双方要协商一致,多沟通、密切合作,只有这样才能顺利履约。而本案中,卖方没有及时备妥货物,买方认为卖方在 8 月不能备货完毕,所以也没有安排租船事宜,故产生了纠纷。

【案例反思】

作为国际贸易从业人员,一定要注意船货衔接的问题,提前沟通是处理问题的关键。

二、有关贸易术语的国际惯例

1.《1932 年华沙-牛津规则》

该规则是由国际法协会(International Law Association)制定的。该协会于 1928 年在华沙举行会议,制定了关于 CIF 买卖合同的统一规则,共 22 条,称为《1928 年华沙规则》。之后又经过 1930 年纽约会议、1931 年巴黎会议和 1932 年牛津会议,修订为 21 条,定名为《1932 年华沙-

牛津规则》(Warsaw-Oxford Rules 1932,简称 W. O. Rules 1932)。该规则对 CIF 买卖合同的性质做了说明,并具体规定了在 CIF 合同中买卖双方所承担的费用、责任和风险。

2.《1990 年美国对外贸易定义修订本》

1919 年,美国 9 个大商业团体制定了《美国出口报价及其缩写》(The U. S. Export Quotations and Abbreviations)。其后,因贸易习惯发生了很多变化,在 1940 年举行的美国第 27 届全国对外贸易会议上对其做了修订,并于 1941 年 7 月 31 日经美国商会、美国进口协会和美国全国对外贸易协会所组成的联合委员会通过,被命名为《1941 年美国对外贸易定义修订本》(Revised American Foreign Trade Definitions 1941);1990 年再次修订为《1990 年美国对外贸易定义修订本》(Revised American Foreign Trade Definitions 1990)。

该修订本对 6 种贸易术语做出了解释:① EXW(Ex Works);② FOB(Free on Board);③FAS(Free Alongside Ship);④CFR(Cost and Freight);⑤CIF(Cost, Insurance and Freight);⑥DEQ(Delivered Ex Quay)。其中,FOB 贸易术语又有 6 种不同解释,所以《1990 年美国对外贸易定义修订本》实际上有 11 种贸易术语。《1990 年美国对外贸易定义修订本》对 FOB 贸易术语的特殊解释,主要表现在以下几个方面。①在适用范围上,FOB 贸易术语适用于各种运输方式,如果贸易合同采用水上运输方式,则必须在 FOB 后加缀 Vessel(船)字样,并列明装运港名称,这才表明在装运港船上交货。②在风险划分上,FOB Vessel 的风险划分以装运港船舱为界,而不是装运港船舷,即卖方承担至货物装入船舱为止所发生的一切丢失和残损责任。③在费用负担上,规定买方要支付卖方协助提供出口单证的费用和出口税,以及因出口而产生的其他费用。该惯例被美洲国家大量采用。由于美国在国际贸易中的重要地位,《1990 年美国对外贸易定义修订本》在世界贸易中的影响力仅次于《2020 年国际贸易术语解释通则》。在实际业务中,美国是我国的重要贸易伙伴,双方贸易活跃,在与美商进行业务洽谈时,合同与信用证中必须明确采用哪种惯例,以避免不必要的贸易纠纷。

3.《2020 年国际贸易术语解释通则》

国际商会(International Chamber of Commerce,ICC)自 20 世纪 20 年代初即开始对贸易术语做统一解释的研究,并于 1936 年在法国巴黎提出了一套国际性的解释贸易术语的统一规则,定名为 INCOTERMS 1936,其副标题为 International Rules for the Interpretation of Trade Terms,故译作《1936 年国际贸易术语解释通则》(以下简称《1936 通则》)。随后,国际商会为适应国际贸易实践的不断发展,分别于 1953 年、1967 年、1976 年、1980 年、1990 年、2000 年、2010 年对《1936 通则》做了 7 次修订和补充,形成了不同版本。2019 年 9 月 16 日,国际商会正式推出《2020 年国际贸易术语解释通则》(INCOTERMS 2020,简称《2020 通则》),以取代使用了近 10 年的 INCOTERMS 2010,新版本于 2020 年 1 月 1 日正式生效。与《1990 通则》相同,《2000 通则》中也对 13 种贸易术语做出了解释,并按其共同特性归纳为 E、F、C、D 四组,如表 2-1 所示。

表 2-1 《2000 通则》主要贸易术语

组别	贸易术语	适合运输方式	基本含义
E组	EXW(Ex Works) 工厂交货	各种运输	卖方在它自己的处所将货物提供给买方

续表

组别	贸易术语	适合运输方式	基本含义
F组	FCA(Free Carrier) 货交承运人	各种运输	卖方必须按买方的指示交运货物,因为是由买方订立运输合同和指定承运人
	FAS(Free Alongside Ship) 装运港船边交货	水上运输	
	FOB(Free on Board) 装运港船上交货	水上运输	
C组	CFR(Cost and Freight) 成本加运费	水上运输	卖方必须按通常条件自费订立运输合同。在 CIF 和 CIP 术语下,卖方还必须办理保险并支付保险费
	CIF(Cost,Insurance and Freight) 成本、保险费加运费	水上运输	
	CPT(Carriage Paid to) 运费付至	各种运输	
	CIP(Carriage and Insurance Paid to) 运费、保险费付至	各种运输	
D组	DAF(Delivered at Frontier) 边境交货	各种运输	买卖合同属于到货合同。在 D 组贸易术语下,除 DDP 外,卖方在边境或进口国交货时无须办理进口清关
	DES(Delivered Ex Ship) 目的港船上交货	水上运输	
	DEQ(Delivered Ex Quay) 目的港码头交货	水上运输	
	DDU(Delivered Duty Unpaid) 未完税交货	各种运输	
	DDP(Delivered Duty Paid) 完税后交货	各种运输	

案例2-2

某公司以 EXW 条件买进一批茶叶,在受领货物时,发现茶叶包装不适宜出口运输,据此公司拒绝提货和付款。

问题:公司的做法是否合理?

【案例分析】

公司的做法不合理。

因为根据《2020通则》解释,在 EXW 条件下,除非合同中有相反的规定,卖方一般无义务提供货物的出口包装。如果签约时已明确该货物是供出口,并对货物的包装要求做出了规定,则卖方应按规定提供符合出口需要的包装。就此案例题意可知,买卖双方在合同中没有就货物的包装问题做出明确的规定,那么,拒领货物和拒付货款,显然是不合理的。

【案例反思】

EXW 项下,卖方承担的责任和义务是最小的。

三、《2010 年国际贸易术语解释通则》的主要变化

《2010 年国际贸易术语解释通则》于 2011 年 1 月 1 日起正式实施,与《2000 年国际贸易术语解释通则》相比,主要变化有:

(1)贸易术语的数量由原来的 13 种变为 11 种。

(2)删除《2000 年国际贸易术语解释通则》中 4 个 D 组贸易术语,即 DDU(Delivered Duty Unpaid)、DAF(Delivered at Frontier)、DES(Delivered Ex Ship)、DEQ(Delivered Ex Quay),只保留了《2000 年国际贸易术语解释通则》D 组中的 DDP(Delivered Duty Paid)。

(3)新增加 2 种 D 组贸易术语,即 DAT(Delivered at Terminal)与 DAP(Delivered at Place)。

(4)E 组、F 组、C 组的贸易术语不变。

四、《2020 年国际贸易术语解释通则》的主要变化

(1)贸易术语为 11 种。

"海运与内河水运组"仍然是 FAS、FOB、CFR、CIF 4 种术语;"不限运输方式组"有 EXW、FCA、CPT、CIP、DAP、DPU、DDP 等 7 种术语。

(2)DAT 更名为 DPU。

DAT(Delivered at Terminal,目的地或目的港的集散站交货)和 DAP(Delivered at Place,目的地交货)都是 INCOTERMS 2010 新加入的贸易术语,存在时间较短,DAT 和 DAP 贸易术语的区别仅仅体现在卖方将货物运至进口国指定目的地时是否需要卸货,考虑到两者同时存在的意义不大,因此,INCOTERMS 2020 把原有 DAT 贸易术语更名为 DPU(Delivered at Place Unloaded,目的地卸货后交货)贸易术语。和 DAT 贸易术语相比,采用 DPU 贸易术语成交时,买卖双方的总体义务、责任和风险基本不变。

(3)提高了 CIP 卖方的投保最低险别的要求。

《2010 年国际贸易术语解释通则》下 CIP(Carriage and Insurance Paid to,运费、保险费付至)贸易术语,A3(b)条款规定卖方需自负费用投保至少符合《伦敦保险协会海洋运输货物保险条款(C)》或其他任何类似条款如中国出口商常用的《中国人民保险公司海洋运输货物保险条款》的平安险所保障的货物保险;《2020 年国际贸易术语解释通则》对 CIP 贸易术语卖方的投保要求做了一定提高,A3(b)条款规定卖方需自负费用投保至少符合《伦敦保险协会海洋运输货物保险条款(A)》或其他任何类似条款所保障的货物保险。

(4)FCA 贸易术语下就提单问题引入了新的附加机制。

FCA 贸易术语适用于一切运输方式,《2010 年国际贸易术语解释通则》下,若采用海运方式运输,卖方在其所在地或在指定地点把货物交给承运人后即完成交货义务,这里所说的"其所在地或在指定地点"一般指卖方工厂或其他卖方方便交货地点但不包括装运港,而已装船提单必须在货物装上船后承运人才会签发,如此操作导致卖方很难取得海运方式下的已装船提单。已装船提单是信用证、托收等银行链式支付方式下卖方向银行交单结汇的重要物权凭证,因此,为了解决上述问题,《2020 年国际贸易术语解释通则》对 FCA 贸易术语特别增加提单附加机制,即买卖双方同意买方指定的承运人在装货后向卖方签发已装船提单,这项明确添加的提单附加机制为卖方获取已装船提单提供了明确依据,避免了相互扯皮现象的发生。

(5)FCA、DAP、DPU 和 DDP 贸易术语下,买卖双方可以使用自有运输工具安排运输。

《2010年国际贸易术语解释通则》中,FCA、DAP、DAT 和 DDP 贸易术语下,必须推定使用第三方承运人进行运输,然而事实情况是买卖双方可以使用自有运输工具安排运输,而不一定非要雇佣他人,因此,《2020年国际贸易术语解释通则》规定,FCA、DAP、DPU 和 DDP 贸易术语下,买卖双方可以使用自有运输工具安排运输,解决了贸易实践中发生的一个简单问题。

任务实施

第1步 关于国际贸易术语的国际惯例主要有:_____

_____

第2步 《1990年美国对外贸易定义修订本》主要解释的贸易术语:

序号	术语简写	术语英文
1		
2		
3		
4		
5		
6		

第3步 《2000年国际贸易术语解释通则》主要解释的贸易术语:

组别	术语名称
E组	
F组	
C组	
D组	

第4步 《2010年国际贸易术语解释通则》相对于《2000年国际贸易术语解释通则》的主要变化:

序号	具体变化
1	
2	
3	
4	

第5步 《2020年国际贸易术语解释通则》的主要变化:

序号	具体变化
1	
2	
3	
4	
5	

拓展提升

国际商会

国际商会(International Chamber of Commerce,ICC),是国际民间经济组织。它是由世界上一百多个国家参加的经济联合会,包括商会、工业、商业、银行、交通、运输等行业协会。它也是联合国经社理事会的一级咨询机构。该机构由1919年10月在美国新泽西州大西洋城举行的国际贸易会议发起,1920年6月在巴黎成立,总部设在巴黎,宗旨是:推动国际经济的发展,促进自由企业和市场组织的繁荣,促进会员之间经济往来,协助解决国际贸易中出现的争议和纠纷,并制定有关贸易、银行、货运方面的规章和条款。国际商会制定的《国际贸易术语解释通则》《托收统一规则》《联合运输单证统一规则》和《跟单信用证统一惯例》等,虽然是非强制性的,但实际上已为世界各国普遍接受和采用。

巩固提高

一、单项选择题

1. 从贸易实务的观点来看,贸易术语是决定价格高低的条件。一般来说,( )。
   A. 卖方承担的责任大,支付的费用多,负担的风险大,则商品的价格就高;反之则低
   B. 买方承担的责任大,支付的费用多,负担的风险大,则商品的价格就高;反之则低
   C. 卖方承担的责任小,支付的费用少,负担的风险小,则商品的价格就高;反之则低
   D. 买方承担的责任小,支付的费用少,负担的风险小,则商品的价格就低;反之则高

2. 按照《1932年华沙-牛津规则》的规定,如果该规则与合同具体内容发生冲突,应该以( )为准。
   A. 该规则　　　　B. 法律　　　　C. 合同　　　　D. 惯例

3. 《1990年美国对外贸易定义修订本》的主要适用范围是( )。
   A. 亚洲　　　　B. 欧洲　　　　C. 非洲　　　　D. 北美洲

4. 《1990年美国对外贸易定义修订本》解释了( )种贸易术语。
   A. 6　　　　B. 1　　　　C. 11　　　　D. 13

5. 有关国际贸易惯例的论述中,错误的是( )。
   A. 惯例不同于法律,它对合同的当事人不具有任何约束力

B. 当事人可以明确合同条款,使惯例对当事人产生约束力
C. 当事人可以明确合同条款,排除惯例对当事人的约束力
D. 根据有关法律,司法部门处理争议时要参照国际贸易惯例

6. 根据 INCOTERMS 2010,F 组术语的共同点是(　　)。
　A. 卖方办理保险手续　　　　　　　B. 卖方订立运输合同
　C. 买方办理出口手续　　　　　　　D. 买方订立运输合同

二、多项选择题

1. 国际贸易惯例是指在国际贸易的长期实践中,具有普遍意义的习惯做法。目前,有关贸易术语的国际贸易惯例主要有(　　)。
　A.《1932 年华沙-牛津规则》　　　　B.《1941 年美国对外贸易定义修订本》
　C.《2020 通则》　　　　　　　　　　D.《联合国国际货物销售合同公约》

2. 只适用于水上运输方式的贸易术语是(　　)。
　A. FOB　　　B. CPT　　　C. CFR　　　D. DDP

3. 贸易术语的两重性表现为(　　)。
　A. 反映商品的生产成本　　　　　　B. 反映商品的价格构成
　C. 说明商品的成交条件　　　　　　D. 说明商品的交货条件
　E. 说明商品的交易条件

三、案例分析

2018 年 5 月,中国 A 公司与埃及 B 公司以 FOB 条件签订了一份某化工原料的进口合同。合同约定装运期为 2018 年 10 月,但是没有明确适用哪一版本的《国际贸易术语解释通则》。埃及 B 公司在 2018 年 10 月 2 日开始装船,在装船的第二天,有一批价值 2 万美元的货物,由于装卸设备故障导致跌落甲板而造成毁损。中国 A 公司按照《2010 年国际贸易术语解释通则》的规定,要求 B 公司承担货物毁损责任。B 公司以货物已经越过装运港船舷,按照《2000 年国际贸易术语解释通则》的规定,"风险应由买方承担"为由而拒绝赔偿。买卖双方协商不成,诉诸法院。

问题:法院将如何判决?

任务二　《2020 通则》中常用的贸易术语

本任务主要学习《2020 通则》中最常见的 3 个贸易术语。

任务描述

在国际贸易中,FOB、CFR、CIF 是 3 个常用的贸易术语。小陈、小李是某职业院校的学生,有一天,他们同时见到了 3 个术语:FOB GUANGZHOU、CFR GUANGZHOU 和 CIF GUANGZHOU。作为外贸从业人员,需要认真充分掌握这 3 个贸易术语的联系与区别。他们对这个问题非常好奇,但就是不明白它们的联系和区别,更加不理解它们的变形。为此,我们需要帮助小陈和小李来理解并掌握。

任务准备

2019年9月16日,国际商会(ICC)正式对外发布了《2020年国际贸易术语解释通则》(INCOTERMS 2020,简称《2020通则》),并定于2020年1月1日起正式实施。

一、《2020年国际贸易术语解释通则》的11个贸易术语

《2020年国际贸易术语解释通则》由11个贸易术语组成。在这11个贸易术语中,出口报关责任及费用一般是由卖方承担,但EXW术语除外。进口报关责任及费用一般由买方承担,但DDP术语除外。签订运输合同及支付运费由买方负责的是E组和F组,C组和D组由卖方负责。保险责任及费用由卖方负责的有CIF、CIP及D组术语,其余术语由买方负责。卖方义务最小的术语是EXW,最大的是DDP。具体来说,各自的责任与义务如表2-2所示。

表2-2 《2020年国际贸易术语解释通则》的贸易术语及其解释

组别	术语	中文名	适用运输方式	详细概念
E组	EXW(Ex Works)	工厂交货	任何运输方式或多式联运	指当卖方在其所在地或其他指定地点将货物交由买方处置时完成交货
F组	FCA(Free Carrier)	货交承运人	任何运输方式或多式联运	指卖方在其所在地或其他指定地点将货物交给买方指定的承运人或其他人
	FOB(Free on Board)	船上交货	海运或内河水运	指卖方以在指定装运港将货物装上买方指定的船舶或通过取得已交付至船上货物的方式交货
	FAS(Free Alongside Ship)	船边交货	海运或内河水运	指卖方在指定的装运港将货物交到买方指定的船边
C组	CFR(Cost and Freight)	成本加运费	海运或内河水运	指卖方在船上交货或以取得已经这样交付的货物方式交货
	CIF(Cost, Insurance and Freight)	成本、保险费加运费	海运或内河水运	指在装运港当货物越过船舷时卖方即完成交货,俗称"到岸价"
	CPT(Carriage Paid to)	运费付至	任何运输方式或多式联运	指卖方将货物在双方约定地点交给买方指定的承运人或其他人
	CIP(Carriage and Insurance Paid to)	运费、保险费付至	任何运输方式或多式联运	指卖方将货物在双方约定地点交给买方指定的承运人或其他人

续表

组别	术语	中文名	适用运输方式	详细概念
D组	DAP(Delivered at Place)	目的地交货	任何运输方式或多式联运	指卖方在指定的目的地交货,只需做好卸货准备无须卸货即完成交货。卖方应承担将货物运至指定的目的地的一切风险和费用
	DPU(Delivered at Place Unloaded)	卸货地交货	任何运输方式或多式联运	卖方在指定的目的地卸货后完成交货
	DDP(Delivered Duty Paid)	完税后交货	任何运输方式或多式联运	指当卖方在指定目的地将仍处于抵达的运输工具上,但已完成进口清关,且已做好卸货准备的货物交由买方处置时,即为交货

二、FOB 术语

FOB(Free on Board),后面接指定的装运港,习惯上称为装运港船上交货。在 FOB 项下,卖方需要在合同约定的时间内,将货物运到合同规定的装运港并装上买方指定的船只,即完成了交货义务。

1. 买方义务

(1)负责租船或订舱,支付运费,并将船名、装船地点和装运时间通知卖方;

(2)负担货物在装运港装上船后的一切费用和风险;

(3)按照合同规定支付货款,并收取符合合同规定的货物和单据;

(4)取得进口许可证或其他官方证件,办理进口报关手续,以及必要时经另一国的过境海关手续,并支付上述有关费用。

2. 卖方义务

(1)在合同规定的装运港和日期或期间内,将货物装上买方指定的船只并通知买方;

(2)负责货物在装运港装上船为止的一切费用和风险;

(3)负责办理出口手续,提供出口许可证,支付出口关税和费用;

(4)负责提供商业发票、清洁的已装船单据以及合同规定的其他单据。

3. 使用 FOB 术语应注意的事项

(1)船货衔接问题。

按照 FOB 术语成交的合同属于装运合同,这类合同中卖方的一项基本义务是按照规定的时间和地点完成交货。然而,由于 FOB 术语下是由买方负责租船订舱,因此,存在船货衔接问题。如果买方未能按时派船,包括未经对方同意提前或延迟派船,卖方均有权拒交货物,而且由此产生的各种损失均由买方负担;如果买方指定的船只未能按时到港或接运货物,或者买方未能就派船问题给予卖方适当的通知,那么,只要货物已被特定化为本合同项下的货物,自规定的交货期届满之后,买方就要承担货物灭失或损坏的风险。如果买方指派的船只按时到达装运港,而卖方未能备妥货物,则由此产生的上述费用和风险由卖方承担。

(2)风险的转移问题。

在《2020年国际贸易术语解释通则》中,风险转移点修改为货物装上船为止,增加了卖方装运港义务,即在装船货物跌落码头或者海中所造成的损失,均由卖方承担;货物装上船之后,在运输途中所发生的损坏或灭失,则由买方承担。

(3)装货费用的承担问题。

FOB术语的变形主要是为了解决装货费用的问题,常见的FOB术语变形有:

①FOB班轮条件(FOB Liner Terms):指装货费用如同以班轮运输那样,由支付运费的一方(即买方)负担。

②FOB吊钩下交货(FOB under Tackle):指卖方将货物置于轮船吊钩可及之处,从货物起吊开始的装货费用由买方负担。

③FOB包括理舱(FOB Stowed,FOBS):指卖方负责将货物装入船舱并支付包括理舱费在内的装货费用。

④FOB包括平舱(FOB Trimmed,FOBT):指卖方负责将货物装入船舱并支付包括平舱费在内的装货费用。

许多标准合同中为了表明由卖方承担包括理舱费和平舱费在内的各项装船费用,常采用FOBST方式。FOB贸易术语变形并不改变交货地点以及风险划分的界限。

案例2-3

某公司以FOB条件出口一批茶具,买方要求公司代为租船,费用由买方负担。由于公司在约定日期无法租到合适的船,且买方不同意更换条件,以致延误了装运期,买方以此为由提出撤销合同。

问题:买方的要求是否合理?

【案例分析】

买方的要求不尽合理。理由如下:

采用FOB术语成交,一般由买方负责租船订舱。卖方可以接受买方的委托代为租船订舱,但卖方不承担租不到船的责任和风险。就案例来讲,因公司代为租船没有租到,买方又不同意更换条件,因此,该公司不承担因自己未租到船而延误装运的责任,买方也不能因此提出撤销合同。所以,买方的要求不合理,责任和风险应该由买方自己承担。

【案例反思】

FOB下,卖方租船是代办性质。

三、CFR术语

CFR(Cost and Freight),后面接指定的目的港,习惯上称为成本加运费。在CFR项下,卖方要在合同约定的时间内,将货物运到指定的装运港,并将其装到自己安排的船只上,即完成了交货义务。

1.买方义务

(1)承担货物在装运港装上船时引起的货物灭失或损坏的风险以及由于货物装船后发生事件所引起的额外费用;

(2)在合同规定的目的港受领货物,并办理进口清关手续和交纳进口税;

(3)受领卖方提供的各种约定的单证,并按合同规定支付货款。

2. 卖方义务

(1)提供合同规定的货物,负责租船和支付运费,按时在装运港装船,并于装船后及时通知买方;

(2)办理出口清关手续,并承担货物在装运港装上船为止的一切费用和风险;

(3)按合同规定提供正式有效的提单、发票及其他有关凭证。

3. 装船通知的重要作用

CFR 术语项下由卖方负责安排船只,并在约定时间内将货物装到指定装运港卖方安排的船上。需要特别注意的是,货物装船后必须及时向买方发出装船通知,以便买方办理投保手续和收取货物。如果由于卖方没有及时发出装船通知而使买方漏上保险,那么一旦货物发生损失,则由卖方承担责任。尽管使用其他术语时卖方也应及时发出装船通知,但 CFR 术语项下的装船通知,具有更为重要的意义。

4. CFR 的变形

为了解决 CFR 术语下的卸货费问题,可在 CFR 术语后加列卸货费由谁负担的具体条件,形成 CFR 术语的变形。

(1)CFR Liner Terms(CFR 班轮条件):是指卸货费按班轮办法处理,即买方不负担卸货费。

(2)CFR Landed(CFR 卸到岸上):是指由卖方负担卸货费,其中包括驳运费在内。

(3)CFR Ex Tackle(CFR 吊钩下交货):是指卖方负担将货物从船舱吊起卸到船舶吊钩所及之处码头上或驳船上的费用。在船舶不能靠岸的情况下,租用驳船的费用和货物从驳船卸到岸上的费用,概由买方负担。

(4)CFR Ex Ship's Hold(CFR 舱底交货):是指货物运到目的港后,由买方自行启舱,并负担货物从舱底卸到码头的费用。

尽管 CFR 出现变形,但交货地点和风险划分的界限并无任何改变。

案例2-4

英国某公司以 CFR 条件进口一批大豆,在约定日期未收到卖方的装船通知,却收到卖方要求该公司支付货款的单据。过后买方接到货物,经检验部分货物在运输途中因海上风险而丢失。

问题:该公司应如何处理?

【案例分析】

该公司可向卖方提出索赔。理由如下:

按 CFR 条件成交时,尽管货物在海运中的风险已转移给买方,但买方为降低自己的风险可办理货运保险,这取决于卖方是否及时向买方发出装船通知。据惯例解释,如果卖方未及时向买方发出装船通知,导致买方未能及时办理保险手续,由此引起的损失由卖方负担。就本案例而言,该公司货物部分丢失是由于卖方未发出装船通知而公司未办保险手续引起的损失,因此,该公司应向卖方提出索赔。

【案例反思】

在 CFR 术语下,要特别清楚装船通知的重要性。

四、CIF 术语

CIF(Cost，Insurance and Freight)，后面接指定的目的港，习惯上称为成本加保险费加运费。在 CIF 项下，卖方在合同约定的时间内，在指定的装运港，将货物装到自己安排的船只上，即完成了交货义务。另外，卖方还要为买方办理海运货物保险并承担保险费用。

1. 买方义务

(1)自负风险和费用，取得进口许可证或其他核准书，并办理货物的进口手续；
(2)负担货物在装运港装上船后的一切费用和风险；
(3)接收卖方提供的各种约定单证，并按合同规定支付货款。

2. 卖方义务

(1)负责办理货物出口手续，取得出口许可证或其他核准书，支付出口税；
(2)负责租船订舱，支付运输费用；
(3)负责办理货物运输保险，支付保险费；
(4)负责在合同规定的日期或期限内，按港口习惯在指定装运港将符合合同规定的货物装到船上，并给买方充分的通知；
(5)负担货物在装运港装上船为止的一切费用和风险；
(6)负责提供合同规定的商业发票或相等的电子单证，以及合同要求的其他有关证件。

3. 货运保险的级别问题

CIF 价格包含了保险费，从责任上来讲，卖方要负责订立货运保险合同，卖方应按合同中规定的保险险别、保险金额等要求办理货运保险，货运保险的性质是为了买方的利益代办保险。如果合同中未能就保险险别等问题做出具体规定，《2020 年国际贸易术语解释通则》对于卖方办理保险的责任做了如下规定：如无相反的明示协议，卖方只按协会货物保险条款或其他类似的保险条款中最低责任的保险险别投保，最低保险金额应当为合同规定价款的 110%，并以合同使用的币种投保。

4. 象征性交货问题

CIF 就是一种典型的象征性交货。具体来讲，CIF 术语是指卖方按期在约定地点完成装运，并向买方提交合同规定的全套合格单据，即包括提单、保险单、商业发票在内的有关单据(即名称、内容和份数相符的单据)，就算完成交货义务，而无须保证到货。只要卖方提交了合同规定的全套合格单据，即使货物已在途中损坏或灭失，买方也必须付款。

5. CIF 不是到岸价

按 CIF 条件成交时，卖方是在装运港交货，货物越过船舷以后风险由买方承担。货物在装船后自装运港到目的港的运费、保险费以外的费用也要由买方负担。除此之外，买方还要自负风险和费用取得进口许可证和其他官方证件，办理进口手续并按合同规定支付货款。而在到岸价条件下，卖方承担的风险和费用应该是到达目的港，交货的地点也应该是在目的港，应属于目的港实际交货贸易术语。

案例2-5

上海某出口企业按CIF条件向日本出口一批草帽。合同中规定由我方出口企业向中国人民保险公司投保一切险,并采用信用证方式支付。我方出口企业在规定的期限、指定的港口装船完毕,船公司签发了提单,然后在中国银行议付了款项。第二天,出口企业接到客户来电称:装货的海轮在海上失火,草帽全部烧毁,客户要求我方出口企业出面向中国人民保险公司索赔,否则要求我方企业退回全部货款。

问题:请问日本进口商的索赔要求合理吗?

【案例分析】

日本进口商的索赔要求不合理。

(1)按照相关国际惯例,CIF合同项下的风险划分界限是货物在装运港装上船之前风险由卖方承担,越过船舷之后风险由买方承担。本案中,卖方按合同规定将货物装上船,已完成了交货义务,当货物越过船舷后,风险就已转移到买方一边,卖方对货物出现的损失不应承担任何责任。

(2)按照国际惯例和相关法律,以CIF贸易术语成交的合同属于象征性交货,即卖方只要按合同规定将货物装上船并提交了合同规定的全套单据,就履行了交货义务,而无须保证货物实际到达对方手里。买方不能以货物已被烧毁为由要求我方企业退回全部货款。

(3)本案中买方应自行凭保险单向中国人民保险公司索赔。

【案例反思】

CIF是象征性交货的贸易术语。CIF不是到岸价。

五、贸易术语的选用

有关贸易术语的规则有多个,其中以国际商会制定的《国际贸易术语解释通则》在目前的国际贸易中应用最为广泛。鉴于该通则的广泛适用范围及其最新修订,掌握该通则并能熟练运用对于从事货物买卖以及国际贸易而言至关重要。选用贸易术语时,应考虑以下几个方面的问题。

1. 明确《国际贸易术语解释通则》的货物贸易惯例性质

《国际贸易术语解释通则》属于贸易方面的国际惯例,主要适用于货物买卖合同,在国内贸易中同样适用。如果贸易合同与《国际贸易术语解释通则》内容产生分歧,应以合同为准;如果与相关的法律产生分歧,应以法律为准。

2. 国际贸易中优先考虑采用《2020年国际贸易术语解释通则》

同样的贸易术语缩写在不同惯例中有不同解释,可能导致争议的产生。考虑到应用的广泛性和规范性等因素,建议在国际贸易中优先选用《国际贸易术语解释通则》。也曾有因对《国际贸易术语解释通则》不同版本的理解不同而导致买卖双方之间发生分歧,考虑到更加接近现实贸易实践,应优先采用最新的2020年版本(因其贸易惯例的性质,此前版本仍可能被贸易商依据习惯而采用)。选用时,应在合同中注明年份版本。

3. 重视《2020年国际贸易术语解释通则》引言的作用

引言解释说明了贸易术语和买卖合同以及其他相关合同之间的关系;列明《2020年国际贸易术语解释通则》与《2010年国际贸易术语解释通则》之间的主要变化。新版本引言阐述更为完整,指引性更强。

4. 熟知《2020年国际贸易术语解释通则》的新变化

《2020年国际贸易术语解释通则》的修订,既有结构上的调整,也有内容上的变化,总体上沿袭了上一版本的传统,同时更加接近当前贸易实践。

5. 严谨订立贸易合同

买卖合同在贸易中的作用是毋庸置疑的。作为惯例的《2020年国际贸易术语解释通则》规定了买卖双方的义务承担、风险划分和费用分摊等主要事项,以及相关的其他事项;但它并不能列明贸易合同的所有事项,更不是贸易合同本身。贸易合同才是买卖双方进行交易的基础性法律文件,以最优的方式将《2020年国际贸易术语解释通则》引入合同并使其助力贸易合同的履行才是正确的选择。

6. 注意贸易合同与其他合同的关联

买卖合同是货物贸易交易的基础性合同,但一项完整的贸易活动可能还会涉及运输合同、保险合同、支付契约等多种不同的法律文书。不同法律文书之间是相互关联和影响的,订立贸易合同时应注意部分规定与相关合同及其法律规定的关系,避免有相互矛盾的条款而导致日后产生争议或一旦发生争议后解决依据产生矛盾。

7. 规范使用贸易术语

如果贸易中选用《2020年国际贸易术语解释通则》的术语,就应对其规范使用。细节不可忽视,譬如贸易术语后所列地点至关重要,地点可能存在重名或者范围不清晰等现象,列明地名时务必明确具体。

8. 谨慎使用贸易术语变形

有时贸易当事人根据实际进行一定修改,从而产生贸易术语的变形,国际商会对此的态度是不禁止此类修改,但同时指出这样做是有风险的,也就是常说的"不提倡也不排斥"。为了避免日后产生争议,《2020年国际贸易术语解释通则》的引言中建议,若有修改,需要在合同中明确表达此类修改所期望达到的目的,诸如明确费用分摊、风险分割点等。只有将相关内容列入合同,合同的法律效力才能保证有关条款得以有效履行。

任务实施

第1步　3个主要贸易术语的相应解释:

序号	英文缩写	英文全称	中文解释
1			
2			
3			

第2步　3个贸易术语中,买卖双方的权利与义务:

名称	FOB	CFR	CIF
办理国外运输			
办理国外保险			
出口通关手续			
进口通关手续			

第3步　FOB GUANGZHOU、CFR GUANGZHOU 和 CIF GUANGZHOU 分别代表什么?

名称	FOB GUANGZHOU	CFR GUANGZHOU	CIF GUANGZHOU
含义			

第4步　FOB 术语的变形及其解释:

变形	解释
FOB 班轮条件(FOB Liner Terms)	
FOB 吊钩下交货(FOB under Tackle)	
FOB 包括理舱(FOB Stowed,FOBS)	
FOB 包括平舱(FOB Trimmed,FOBT)	

第5步　CIF 和 CFR 的变形原理基本一致,CFR 的变形及其解释:

变形	解释
CFR Liner Terms(CFR 班轮条件)	
CFR Landed(CFR 卸到岸上)	
CFR Ex Tackle(CFR 吊钩下交货)	
CFR Ex Ship's Hold(CFR 舱底交货)	

拓展提升

象征性交货与实质性交货

根据《2020 年国际贸易术语解释通则》:CIF、CFR、FOB、FAS 是指在买卖双方不直接接触的情况下,卖方按合同规定的时间和地点将货物装上运输工具或交付承运人,并向买方提供包

(6)运输工具遭遇海难后,在避难港由于卸货引起的损失,以及在中途港或避难港由于卸货、存仓和运送货物所产生的特殊费用。

(7)共同海损的牺牲、分摊和救助费用。

(8)若运输契约中订有"船舶互撞条款",则根据该条款的规定应由货方偿还船方的损失。

案例3-8

某外贸公司按CIF术语出口一批货物,装运前已向保险公司按发票总值110%投保平安险,6月初货物装妥顺利开航。载货船舶于6月13日在海上遇到暴风雨,致使一部分货物受到水渍,损失价值为2 100美元。数日后,该轮又突然触礁,致使该批货物又遭到部分损失,价值为8 000美元。保险公司对该批货物的损失应予以赔偿。

【案例分析】

①根据《中国人民保险公司海洋运输货物保险条款》平安险的责任范围第二条和第三条的规定,触礁受损的8 000美元,是运输工具遇到意外事故造成的部分损失,保险公司应予以赔偿。

②遇暴风雨受损的2 100美元,是在运输过程中由于自然灾害造成的部分损失,但由于该损失发生了之后,运输工具还发生了触礁意外事故,因此保险公司也需要对2 100美元予以赔偿。

2. 水渍险

水渍险(With Particular Average,WPA)是我国保险业的习惯叫法,英文原意是"负责单独海损"。水渍险承保的责任范围是:

(1)平安险承担的全部责任。

(2)被保险货物由于恶劣天气、雷电、海啸、地震和洪水等自然灾害所造成的部分损失。这一项责任是指在水渍险项下,保险人承担单纯由于保单上列明的海上自然灾害所造成的货物部分损失。

案例3-9

我国某公司以CIF术语出口一批化肥,装运前按合同规定已向保险公司投保水渍险,货物装妥后顺利开航。载货船舶起航后不久在海上遭遇暴风雨,海水涌入舱内,致使部分化肥遭到水渍,损失价值达1 000美元。数日后,又发现部分化肥袋包装破裂,估计损失达1 500美元。

问题:该损失应由谁承担?如果投保了一切险,保险公司会赔偿案例中的所有损失吗?

【案例分析】

本案例涉及保险理赔及CIF的风险界点问题,具体的分析如下。

①1 000美元的损失是由于自然灾害导致的意外损失,属于保险公司水渍险的承保责任范围,故保险公司应该赔偿。

②1 500美元的损失,是由于包装破裂引起的,它不属于水渍险的承保责任范围,而属于一般附加险中包装破裂险的责任范围,故保险公司是不负赔偿责任的。另外,按CIF条件成交,买卖双方交货的风险界点在装运港的船舷,货物越过装运港船舷以前的风险由卖方承担,货物越过装运港船舷以后的风险由买方承担,所以这项损失应由买方自行承担。

③如该批货物投保了一切险,可向保险公司索赔。这是因为化肥袋包装破裂属于一般外来风险,所造成的损失在一切险的承保范围内。

3. 一切险

一切险(All Risks)承保的责任范围是:
(1)水渍险承担的全部责任。
(2)被保险货物在运输过程中由于一般外来原因所造成的全部或部分损失。

实际上,一切险责任是水渍险和一般附加险责任的总和。一切险的保险责任范围是各种基本险中最广泛的,因而比较适用于价值较高、可能遭受损失因素较多的货物投保。

(二)附加险

1. 一般附加险

一般附加险(General Additional Risks)承保一般外来风险所造成的损失,共有11种险别。这11种险别只能在投保平安险和水渍险的基础上加保一种或数种,但若投保"一切险"时,则11种险别都包含在内,无须加保。

(1)偷窃、提货不着险(Theft,Pilferage and Non-delivery Risk,TPND),对偷窃行为所致的损失和整体提货不着等损失,保险公司负责按保险价值赔偿。

(2)淡水雨淋险(Fresh Water and/or Rain Damage Risk,FWRD),对直接遭受雨水、淡水,以及雪融水浸淋所致的损失,保险公司负责赔偿。淡水是与海水相对而言的,包括船上淡水管漏水、舱汗等。

(3)渗漏险(Leakage Risk),对因容器损坏而引起的渗漏损失,或用气体储藏的货物因气体的渗漏而引起的货物腐蚀等损失,保险公司负责赔偿。如以流体装存的湿肠衣,因为流体渗漏而使肠衣发生腐烂、变质等损失,均由保险公司负责赔偿。

(4)短量险(Shortage Risk),对因外包装破裂或散装货物发生数量损失和实际重量短缺的损失,保险公司负责赔偿,但不包括正常运输途中的损耗。

(5)混杂、沾污险(Intermixture and Contamination Risk),对在运输过程中因混进杂质或被沾污所致的损失,保险公司负责赔偿。

(6)碰撞、破碎险(Clash and Breakage Risk),对金属、木质等货物因振动、颠簸、挤压所造成的碰损和对易碎性货物运输途中由于装卸野蛮、粗鲁和运输工具的颠震所造成的破碎损失,保险公司负责赔偿。

(7)钩损险(Hook Damage Risk),对在装卸过程中使用手钩、吊钩所造成的损失,保险公司负责赔偿。如粮食包装袋因吊钩钩坏而造成的粮食外漏的损失。

(8)锈损险(Rust Risk),对运输中发生的锈损,保险公司负责赔偿。但生锈必须是在保险期内发生的,如装船时就已发生锈损,保险公司不负责赔偿。

(9)串味险(Taint of Odor Risk),对于被保险的食用物品、中药材、化妆品原料等因受其他物品的影响而引起的气味损失,保险公司负责赔偿。如茶叶、香料与皮张、樟脑等堆放在一起产生异味而不能使用。

(10)包装破裂险(Breakage of Packing Risk),对因运输或装卸不慎,包装破裂所造成的损失,以及为继续运输安全需要对包装进行修补或调换所支付的费用,保险公司均负责赔偿。

(11)受潮受热险(Damp and Heating Risk),对因气温突然变化或由于船上通风设备失灵导致船舱内水汽凝结、受潮或受热所造成的损失,保险公司负责赔偿。

2. 特殊附加险

特殊附加险(Special Additional Risks)承保特殊外来风险所造成的损失,不能单独投保,只能在投保基本险后才允许加保一种或数种。目前中国人民保险公司承保的特殊附加险共有以下8种:交货不到险(Failure to Delivery Risk)、进口关税险(Import Duty Risk)、黄曲霉素险(Aflatoxin Risk)、舱面险(on Deck Risk)、拒收险(Rejection Risk)、出口货物到香港(包括九龙在内)或澳门储存仓火险责任扩展条款(Fire risk extension clause for storage of cargo at destination Hong Kong, including Kowloon or Macao, FREC)、战争险(War Risk)和罢工险(Strikes Risk)。

(三)基本险的除外责任

《中国人民保险公司海洋运输货物保险条款》中对海运基本险的除外责任有下列5项:

(1)被保险人的故意行为或过失所造成的损失。
(2)属于发货人的责任所引起的损失。
(3)在保险责任开始前,被保险货物已经存在品质不良或数量短差所造成的损失。
(4)被保险货物自然损耗、本质缺陷、市价跌落和运输延迟所引起的损失和费用。
(5)属于海洋运输货物战争险和罢工险条款规定的责任范围和除外责任。

案例3-10

我方A公司以CIF价出口午餐肉罐头一批,投保一切险。货物到达目的港,卸货后发现罐头胀罐,而且马口铁严重生锈,无法销售。后经过调查发现,在生产加工时,生产车间消毒不严格,生产商为了降低生产成本,使用了不合格的马口铁。

问题:保险公司是否应赔偿这项损失?

【案例分析】

在本案例中,货物受损是由于生产加工存在问题,生产商使用了不合格的马口铁导致的,属于保险公司的除外责任,因此保险公司可以拒绝赔偿。

(四)基本险的责任起讫

基本险的责任起讫期限通常采用国际保险业惯用的"仓至仓"条款(Warehouse to

Warehouse Clause,简称"W/W")。它是指保险人的承保责任从被保险货物运离保险单所载明的起运地发货人仓库开始,直至该项货物被运抵保险单所载明的收货人仓库或被保险人用作分配、分派或非正常运输的其他储存处为止。如未抵达上述仓库或储存处所,则以被保险货物在最后卸载港全部卸离海轮后满60天为止。如在上述60天内,被保险货物需转运至非保险单所载明的目的地时,则以该项货物开始转运时终止。

二、其他运输方式的货物保险

(一)陆上运输货物保险

陆上运输货物保险分为陆运险和陆运一切险两种基本险别,适用于铁路运输和公路运输。

陆运险(Overland Transportation Risks)的承保责任范围大致相当于海运险中的水渍险。陆运险是指保险公司负责赔偿被保险货物在运输途中遭受暴风、雷电、洪水、地震等自然灾害,或由于运输工具遭受碰撞、倾覆、出轨,或在驳运过程中因驳运工具遭受搁浅、触礁、沉没、碰撞,或由于遭受隧道坍塌、崖崩或失火、爆炸等意外事故造成的全部或部分损失。

陆运一切险(Overland Transportation All Risks)的承保责任范围大致相当于海运险中的一切险。陆运一切险是指除上述陆运险的责任外,还包括运输途中,由外来原因造成的短少、偷窃、渗漏、碰损、破碎、钩损、雨淋、生锈、受潮、受热、发霉、串味、沾污等全部或部分损失。

陆运险、陆运一切险的除外责任与海洋运输货物保险条款基本险的除外责任相同。

陆上货物运输保险也采用"仓至仓"条款原则,即保险责任从被保险货物远离保险单所载明的起运地发货人的仓库或储存处所开始,包括正常陆运和有关水上驳运在内,直到该货物送至保险单所载明的目的地收货人仓库或储存处所,或者被保险人用作分配、分派或非正常运输的其他储存处所为止。如果没有送抵保险单所载明的目的地收货人仓库或储存处所,则以到达最后卸载车站之后60天为限。

(二)航空运输货物保险

航空运输货物保险分为航空运输险和航空运输一切险两种基本险别。

航空运输险(Air Transportation Risks)的承保责任范围大致相当于海运险中的水渍险。航空运输险承保货物在运输途中遭受雷电、火灾、爆炸,或由于飞机遭受恶劣气候或其他危难事故而被抛弃,或由于飞机遭遇碰撞、倾覆、坠落或失踪等自然灾害和意外事故所造成的全部或部分损失。

航空运输一切险(Air Transportation All Risks)的承保责任范围大致相当于海运险中的一切险,除上述航空运输险的各项责任外,还包括被保险货物由于一般外来原因所造成的全部或部分损失。

航空运输险和航空运输一切险的除外责任与海洋运输货物保险条款基本险的除外责任基本相同。

航空货物运输保险责任起讫期限也采用"仓至仓"条款原则,所不同的是,如果货物送抵保险单所载明的目的地而未送抵保险单所载明的目的地收货人仓库或储存处所,则在到达最后卸载地卸离飞机之后满30天,保险责任即告终止。

(三)邮政包裹运输保险

邮政包裹运输保险分为邮包险和邮包一切险两种基本险。

邮包险(Parcel Post Risks)的承保责任范围是被保险货物在运输途中由于恶劣气候、雷电、海啸、洪水等自然灾害或由于运输工具遭受搁浅、触礁、碰撞、沉没、倾覆、出轨、坠落、失踪或由于失火、爆炸等意外事故所造成的全部或部分损失。

邮包一切险(Parcel Post All Risks)的承保责任范围除上述邮包险的各项责任外,还负责被保险的邮包在运输途中由于外来原因所致的全部或部分损失。

邮包险、邮包一切险的除外责任与海洋运输货物保险条款中基本险的除外责任相同。

邮包险的责任起讫期限是自被保险邮包离开保险单所载明的起运地点寄件人的处所运往邮局时开始生效,直至被保险邮包运达保险单所载明的目的地邮局,自邮局签发到货通知书当日午夜起算,满15天终止,但在此期限内,邮包一经递交至收件人的处所时,保险责任即行终止。

在附加险方面,除战争险外,海洋运输货物保险中的一般附加险和特殊附加险险别和条款均可适用于陆、空、邮运输货物保险。

三、国际货运投保与索赔

在进出口货物运输保险业务中,被保险人在选择确定投保的险别后,通常还涉及的工作有:确定保险金额、办理投保并支付保险费、领取保险单证以及在货损时办理保险索赔等。

(一)投保

我国进口货物一般按 FOB 或 CFR 条件成交,由买方办理保险;出口货物一般按 CIF 条件成交,由卖方办理保险。投保人投保后,保险公司会签署保险单据给投保人。保险单据是保险人与被保险人之间权利、义务的契约,是被保险人或受让人索赔和保险人理赔的依据。

(二)确定保险金额

保险金额(Insured Amount),是指投保人与保险公司之间实际投保和承保的金额,是保险费的计收依据,是投保人或其受让人索赔和保险人赔偿的最高限额。中国人民保险公司承保出口货物保险金额一般是 CIF(CIP)价加成 10% 的金额。保险金额的计算公式是:

$$保险金额 = CIF(CIP)价 \times (1 + 投保加成率)$$

(三)计算保险费

保险费是保险金额与保险费率的乘积。保险费的计算公式为:

$$保险费 = 保险金额 \times 保险费率$$

案例3-11

中国 A 公司对外出口货物一批,合同规定:数量100吨,单价每吨1 000英镑 CIF 伦敦,卖方按发票金额加10%投保水渍险和短量险,保险费率分别为0.3%和0.2%。

问题:A 公司的投保金额是多少?应向保险公司支付多少保险费?

【案例分析】

$$保险金额 = CIF 价 \times (1 + 投保加成率)$$
$$= 1\,000 \times 100 \times (1 + 10\%) 英镑 = 110\,000 英镑$$
$$保险费 = 保险金额 \times 保险费率 = 110\,000 \times (0.3\% + 0.2\%) 英镑 = 550 英镑$$

(四)保险索赔

保险索赔是被保险人向保险人提出赔偿要求的行为。被保险人进行索赔应具备三个条件:
(1)被保险人要求赔偿的损失,必须是承保责任范围内风险造成的损失。
(2)被保险人是保险单的合法持有人。
(3)被保险人必须拥有可保利益。

任务实施

第1步 复习回顾我国海运货物保险的相关知识,完成以下问题。
1.海运货物保险险别分为_____和_____两类。
2.基本险又称主险,包括_____、_____和_____。
3.附加险是对基本险的补充和扩展,包括_____和_____。

第2步 案例中所提到的货物损失有(   )。
A.途中烧毁的化肥损失
B.途中湿毁的化肥损失
C.由于化肥价格下跌造成的损失

第3步 途中烧毁的化肥损失属于(   ),由(   )负责赔偿,为什么?
A.单独海损   B.共同海损   C.承运人   D.保险公司

第4步 途中湿毁的化肥损失属于(   ),由(   )负责赔偿,为什么?
A.单独海损   B.共同海损   C.承运人   D.保险公司

第5步 由于化肥价格下跌造成的损失由(   )负责赔偿,为什么?
A.承运人   B.保险公司

拓展提升

　　2021年6月,沈某购置了一辆货车作为物流运输使用,并在某保险公司投保了公路货物运输保险。2021年7月,沈某运输24吨大蒜。运输过程中,由于线路老化,货车起火,一车大蒜都化为灰烬,造成损失3.8万余元。沈某立即向保险公司报案,向保险公司索赔2万元,却遭到了保险公司的拒赔,理由是公路货物运输保险条款中规定,蔬菜、水果、活牲畜、禽鱼类和其他动物不在保险货物范围内。保险公司认定大蒜属于蔬菜,不能赔偿。但是沈某则认为,大蒜和花椒、大料一样属于调味品,并不属于蔬菜。2021年9月,沈某将保险公司告上法庭。经过法院审理查明,原、被告之间签订的公路货物运输保险合同为有效合同。原告在被告方投保后,履行了各项投保人的义务,被告应当对其在保险期2年内发生的保险事故承担保险责任。被告辩称大蒜是蔬菜,但未提供证明材料,保险条款中也没有对蔬菜的范围做出界定。参照《现代汉语词典》对大蒜的解释:多年生草本植物,花白色带紫,叶子和花轴嫩时可以做菜。地下鳞茎味道辣,有刺激性气味,可以做调味品,也可入药。而原告拉载的蒜头即为大蒜的地下鳞茎,所以不是蔬菜,而是调味品。2022年2月,法院依法判决沈某胜诉。

案情分析：本案的争议点是大蒜是不是蔬菜的问题，因为在人们的通常观念中，大蒜就是蔬菜，法院工作人员查阅的多部词典对大蒜是否是蔬菜也未作出明确界定。依据《中华人民共和国保险法》第三十条规定：采用保险人提供的格式条款订立的保险合同，保险人与投保人、被保险人或者受益人对合同条款有争议的，应当按照通常理解予以解释。对合同条款有两种以上解释的，人民法院或者仲裁机构应作出有利于被保险人或受益人的解释。

启示：投保货运险时，一定要严格按照货物种类进行选择和投保，避免由于种类选择错误而损失不能得到赔偿的情况发生。

巩固提高

一、单项选择题

1. 根据我国海洋货物运输保险条款规定，"一切险"包括（　　）。
   A. 平安险加 11 种一般附加险　　　　B. 一切险加 11 种一般附加险
   C. 水渍险加 11 种一般附加险　　　　D. 11 种一般附加险加特殊附加险

2. 平安险不赔偿（　　）。
   A. 自然灾害造成的实际全损
   B. 自然灾害造成的推定全损
   C. 意外事故造成的全部损失和部分损失
   D. 仅由自然灾害造成的单独海损

3. 我方按 CIF 条件成交一批罐头食品，卖方投保时，按下列（　　）投保是正确的。
   A. 平安险＋水渍险　　　　　　　　B. 一切险＋偷窃、提货不着险
   C. 平安险＋一切险　　　　　　　　D. 水渍险＋偷窃、提货不着险

4. 按国际保险市场惯例，投保金额通常在 CIF 总值的基础上（　　）。
   A. 加四成　　　B. 加三成　　　C. 加二成　　　D. 加一成

5. 根据我国海洋货物运输保险条款的规定，承保范围最小的基本险别是（　　）。
   A. 平安险　　　B. 水渍险　　　C. 一切险　　　D. 罢工险

6. "特殊附加险"是指在特殊情况下要求保险公司承保的险别，（　　）。
   A. 一般可以单独投保
   B. 不能单独投保
   C. 可单独投保两项以上的"特殊附加险"
   D. 在被保险人统一的情况下，可以单独投保

7. "仓至仓"条款是（　　）。
   A. 承运人负责运输责任起讫的条款
   B. 保险人负责保险责任起讫的条款
   C. 出口商负责交货责任起讫的条款
   D. 进口商负责收货责任起讫的条款

8. 海运货物保险中，按"仓至仓"条款的规定，货物运抵目的港后没有进入指定仓库，多少天内保单仍然有效（　　）。
   A. 30 天　　　B. 60 天　　　C. 90 天　　　D. 120 天

9.下列不在一切险承保范围内的险别是（   ）。
   A.偷窃、提货不着险   B.渗漏险
   C.交货不到险   D.碰损险
10.按照《中国人民保险公司海洋运输货物保险条款》的做法，投保一切险后，还可以投保（   ）。
   A.偷窃、提货不着险   B.卖方利益险
   C.战争险、罢工险   D.渗漏险

二、多项选择题

1.出口茶叶，为防止运输途中串味，办理保险时，可投保（   ）。
   A.平安险加串味险   B.一切险
   C.水渍险加串味险   D.串味险
2.运输工具在运输途中发生了搁浅、触礁、沉没等意外事故，不论意外发生之前或之后货物在海上遭遇恶劣气候、雷电、海啸等自然灾害造成被保险货物的部分损失，属于以下（   ）的承保范围。
   A.平安险   B.水渍险   C.一切险   D.附加险
3.某出口商按合同规定交了货，并向进口商提交了清洁提单，进口商收到货后发现，因外包装受损而导致包装内商品损坏。请问进口商应向谁索赔？（   ）
   A.船公司   B.保险公司   C.卖方   D.买方
4.我国海上货物保险的基本险种包括（   ）。
   A.平安险   B.战争险   C.水渍险   D.一切险
5.海上货物运输保险中，除合同另有约定外，哪些原因造成货物损失，保险人不予赔偿（   ）。
   A.交货延迟   B.被保险人的过失 C.市场行情变化 D.货物自然损耗
6.某国远洋货轮，满载货物从S港启航，途中遇飓风，货轮触礁，货物损失惨重。货主向其投保的保险公司发出委付通知，在此情况下，该保险公司可以选择的处理方法是什么？（   ）
   A.必须接受委付   B.拒绝接受委付
   C.先接受委付，然后撤回   D.接受委付，不得撤回

三、判断题

1."一切险"的承保范围包括由自然灾害、意外事故以及一切外来风险所造成的被保险货物的损失。（   ）
2.单独海损是指载货船舶在海运途中，被保险货物造成的部分损失。（   ）
3.我国某公司按CFR贸易术语进口时，在国内投保了一切险，保险公司的责任起讫应为"仓至仓"。（   ）
4.在海运货物保险业务中，"仓至仓"条款对于驳船运输造成的损失，保险公司不承担责任。（   ）
5.在国际贸易中，向保险公司投保一切险，在运输途中由于任何外来原因造成的一切货损，均可向保险公司索赔。（   ）
6.托运出口玻璃制品时，被保险人在投保一切险后，还应加保破碎险。（   ）
7.某公司进口货物一批，投保一切险，货物在海运途中部分被火焚。经查，一切险中11种

附加险并无火险。对此损失保险公司不承担责任。（　　）

8. 水渍险的责任范围除平安险责任范围的全部责任以外，还包括由于暴风、巨浪等自然灾害引起的部分损失。（　　）

9. 在已投保"一切险"的基础上，可以再加保"交货不到险"。（　　）

10. 全部损失分为共同海损和单独海损。（　　）

11. 一切险承保的是所有海上风险。（　　）

12. 水渍险承保的是淡水水渍引起的损失。（　　）

13. 在平安险中不包括自然灾害引起的部分损失。（　　）

14. 陆运运输保险主要险别包括陆运险、陆运一切险两种。（　　）

15. 在航空运输险中，已经加保了战争险，再加保罢工险，不另收保险费。（　　）

16. 按照我国海洋货物运输保险条款的规定，三种基本险和战争险均使用"仓至仓"条款。（　　）

17. 所谓"仓至仓"条款就是船公司负责将货物从装运地发货人的仓库运送到目的地收货人的仓库的运输条款。（　　）

18. 偷窃、提货不着险和交货不到险均在一切险的范围，只要投保一切险，收货人如果提不到货，保险公司均应该负责赔偿。（　　）

19. 出口茶叶在装运途中，最大的问题就是怕串味，因此，应该投保串味险。（　　）

四、计算题

1. 某公司对某商出口茶叶 200 箱（每箱净重 30 千克），价格条款 CIF 伦敦每箱 50 英镑，向中国人民保险公司投保 FPA 平安险，以 CIF 价格加成 10% 作为投保金额，保险费率为 0.6%。问保险金额与保险费为多少？

2. 出口商品 1 000 公吨 CFR 纽约，每公吨 100 美元，投保一切险加战争险，保险费率为 1%，投保加成 10%，应付保险费多少？（保留一位小数）

五、综合分析题

1. 我方某公司以 CIF 对外发盘，如以下列保险条款投保，是否妥当？

　(1) 一切险、锈损险、串味险；

　(2) 平安险、一切险、偷窃提货不着险、战争险、罢工险；

　(3) 水渍险、受潮受热险；

　(4) 包装破碎险、钩损险、战争险、罢工险；

　(5) 航空运输一切险、淡水雨淋险。

2. 某外贸公司与荷兰进口商签订一份皮毛手套合同，价格条件为 CIF 鹿特丹，向中国人民保险公司投保一切险。生产厂家在生产的最后一道工序将手套温度降到最低程度，然后用牛皮纸包好装入双层瓦楞纸箱，再装入 20 英尺集装箱。货物到达鹿特丹后，检验结果表明：该批货物湿、霉、沾污、变色，损失价值达 8 万美元。据分析：该批货物的出口地不异常热，进口地鹿特丹不异常冷，运输途中无异常，完全属于正常运输。试问：

　(1) 保险公司对该批货物的损失是否赔偿？为什么？

　(2) 进口商对受损货物是否支付货款？为什么？

　(3) 你认为出口商应如何处理此事？

3. 我方进口的一批货物投保了一切险，该货物到达目的港天津新港后进入 1 号码头仓库，进口方从该仓库提货,进口方提走部分货物并发到全国各地,这时由于台风袭击,仓库内余下的尚未提取的部分货物受损,请问保险公司对该损失是否应做出赔偿。

4.某出口公司曾按 CIF 条件向外商出售一批货物,合同中没有约定具体投保险别,中方公司发货时代投保了平安险,后外商指责中方公司漏保了战争险,理由是,既然货价中包括了保险费,卖方就应加保战争险,双方产生争议。你认为外商的指责和要求是否合理?中方应如何处理此事?

项目四 国际货款结算

【项目目标】

知识目标：
1. 认识国际货款结算票据的种类。
2. 认识汇款和托收结算方式的当事人，掌握汇款和托收结算方式的种类和特点。
3. 认识信用证结算方式的当事人，掌握信用证结算方式的种类、特点和具体运作程序。
4. 掌握国际货款结算方式风险防范的注意事项。

技能目标：
1. 能辨识常用的国际货款结算票据，能拼读其英文。
2. 能看懂简单的英文条款。
3. 能对国际货款结算中的常见案例进行判断、分析。
4. 能结合实际贸易业务，选择合适的结算方式并能够合理地规避风险。

情感目标：
1. 帮助学生树立高度的职业责任心，培养学生坚守契约精神和诚信至上的信念。
2. 提高学生的风险防范意识，培养学生科学分析问题和积极解决问题的能力。
3. 增强学生的爱国主义情怀，牢固树立中国特色社会主义道路自信、理论自信、制度自信、文化自信。

任务一 认识国际货款结算票据

在国际贸易中，货款的结算大多是非现金结算，那如何代替现金来结算买卖双方的债权债务呢？

任务描述

2020年新冠肺炎疫情突如其来，世界经济遭遇重挫，全球需求市场萎缩，国际局势呈现出前所未有的复杂格局，对外贸行业人才市场的冲击也较大。工作两年的小陈在上海的某外贸企业工作，公司主要从事手工艺品的生产和国内外销售工作，公司有非常稳定的日本、越南、泰国、俄罗斯等国家的客户群体。近日，公司新来了一位毕业于上海某高校的实习生小李，虽然上学期间接触过贸易结算票据的知识，但还是个实战"小白"，没有真正接触过国际结算的内容，工作不知如何下手。货款的收付直接影响双方的资金周转和融通，以及各种金融风险和费用的负担，关系到买卖双方的利益和得失。因此外贸部经理告诉小李向小陈学习，小陈打算先考验下小李目前掌握了多少关于外贸结算的知识，小李能够从容应对吗？

> 任务准备

国际货款结算多以票据结算为主,它是作为流通和支付手段的基本信用工具。国际货款结算所使用的金融票据主要有汇票(Bill of Exchange;Draft)、本票(Promissory Note)、支票(Check),其中以汇票的使用率较高,其次是本票和支票。

一、汇票

(一)汇票的概念

《中华人民共和国票据法》(以下简称《票据法》)对汇票做了如下的定义:"汇票是出票人签发的,委托付款人在见票时或者在指定日期无条件支付确定的金额给收款人或者持票人的票据。"

汇票有三个基本当事人,即出票人、付款人和收款人。

出票人(Drawer),指写成汇票并将汇票交付给收款人的人。根据票据法则,在汇票上签字的人是汇票的债务人,承担付款或担保的责任。

付款人(Drawer,Payer),也称受票人(Drawee),指出票人在汇票中指定的,在收到汇票提示时进行付款的人。

收款人(Payee),是指从出票人手中获得汇票的当事人,是债权人。

(二)汇票的必备事项

根据我国《票据法》的规定,汇票应该记载下列内容,否则不具有法律效力。
(1)标明"汇票"字样(word of exchange)。
(2)无条件的支付命令(unconditional order to pay)。
(3)确定的汇票金额(the sum certain in money)。
(4)付款人姓名、商号及地址(drawer)。
(5)收款人姓名、商号及地址(payee)。
(6)出票日期(date of issue)。
(7)出票人签章(signature of drawer)。
(8)付款期限(tenor)。
(9)出票地点(place of issue)和付款地点(place of payment)。

(三)汇票的种类

汇票从不同角度可分为以下几种:
(1)按照出票人不同,分为银行汇票(Banker's Draft)和商业汇票(Commercial Draft),如表4-1所示。

表4-1 银行汇票与商业汇票

汇票类别	签发人	出票人	付款人
银行汇票	银行	银行	银行
商业汇票	工商企业或个人	工商企业或个人	工商企业或个人或银行

(2)按付款期限的不同,分为即期汇票(Sight Draft)和远期汇票(Time Draft)。

即期汇票是指汇票上规定见票后立即付款的汇票。远期汇票是指汇票上规定付款人于某个指定的日期或者将来某个可以确定的日期进行付款的汇票。

在实际外贸工作过程中,远期汇票付款日期一般有以下四种规定的记载方法:

第一,见票后,××天付款(at ××days after sight);

第二,出票后,××天付款(at ××days after date of issue);

第三,提单签发日期后××天付款(at ××days after date of bill of lading),这类汇票需要在票面上记载提单的具体签发日期;

第四,指定日期付款(fixed date)。

(3)按照是否随附货运单据,分为光票汇票和跟单汇票。

光票汇票是指不附带货运单据的汇票。跟单汇票是指附带提单等货运单据的汇票。国际贸易中的货款结算,绝大多数使用跟单汇票。

(4)按汇票承兑人不同,分为商业承兑汇票和银行承兑汇票。

商业承兑汇票指由企业或个人承兑的远期汇票,是建立在商业信用基础上的。银行承兑汇票是指由银行承兑的远期汇票,是建立在银行信用基础上的。

案例4-1

根据汇票必须记载的内容,请判断哪个是有效汇票。

1. Pay from our account No.1 to the order of Co. the sum of one thousand dollars.

2. Pay to bank or order the sum of six thousand US dollars and debit the same to applicant's.

【案例分析】

根据我国《票据法》的规定,"无条件支付命令"是汇票必须记载的事项之一,否则将不具备法律效力。本案例中汇票的两种书写方式,均附有条件,所以都不是有效汇票。

【案例反思】

汇票是最重要、最常用的一种支付工具,作为外贸工作者必须要认识常用的国际货款结算票据,同时要咬准明确记载事项。在实际的货款结算过程中,要锱铢必较,养成严谨、认真、细致的好习惯。

二、本票

本票是由出票人签发的,承诺自己在见票时或定期或在可以确定的将来的某个时间,无条件支付确定的金额给收款人或持票人的票据,其是一种书面承诺。本票的基本当事人只有两个,即出票人和收款人,本票的付款人就是出票人本人。本票的出票人在任何情况下都是主债务人。

按出票人的不同,本票可分为商业本票和银行本票;根据付款时间的不同,商业本票又可分为即期本票和远期本票两种。

三、支票

支票是银行存款户签发的,一般分为现金支票和银行支票。支票是要求银行见票时立即无条件支付给指定收款人或持票人的书面支付命令。支票可以说是银行作为付款人的即期汇票。支票同汇票一样,有三个基本当事人,即出票人、付款人和收款人。支票的出票人所签发的支票金额不得超过其付款时在付款人处实有的存款金额,否则就是空头支票。

根据我国《票据法》的规定,支票应该记载下列内容,否则不具有法律效力。

(1)标明"支票"字样。
(2)无条件支付委托。
(3)确定的金额。
(4)付款人名称。
(5)出票日期。
(6)出票人签字。

案例4-2

总结归纳汇票、本票、支票在作用、当事人、主债务人上的异同。
归纳如下:

	汇票	本票	支票
作用	支付、信用	支付、信用	支付
当事人	出票人、收款人、付款人	出票人、收款人	出票人、收款人、付款人
主债务人	承兑前是受票人 承兑后是承兑人	出票人	银行
付款人	承兑人、保证人、参与付款人	出票人	银行

任务实施

第1步 在国际货款结算票据中,哪种结算票据使用较广泛?

第2步 汇票的抬头是指_____。

第3步 分析下列汇票示例属于汇票付款日期的哪种确定方法。

汇票金额10 000美元　　　　　　　　　　　　　　　上海 2021年10月9日
凭票于2021年4月20日付给周先生壹万美元,对价收讫。
此致:李先生

项目四　国际货款结算

汇票金额 10 000 美元　　　　　　　　　　　　　　　上海 2021 年 10 月 10 日
于出票后一个月即付给付先生或其指定人壹万美元，对价收讫。
此致：刘先生

第 4 步　某信用证业务中使用的汇票如下图所示，请指出它的三个基本当事人，并指出此汇票是否有效。

```
                        BILL OF EXCHANGE
FOR   10 200.00                     DATE：2021-10-14
AT _____ SIGHT OF THIS FIRST BILL OF EXCHANGE(SECOND
BEIJING  UNPAID)  PAY  TO  STANDARD  CHARTERED  BANK（CHINA）LTD  OR
ORDER THE SUM OF US DOLLARS TEN THOUSAND FIVE HUNDRED ONLY
_____
VALUE RECEIVED AND CHARGE THE SAME TO ACCOUNT OF
DRAWN UNDER BANK DKI,PT. INDONESIA
L/C NO. DKIPHJ142           Date27SEP11
```

拓展提升

由于汇票在国际贸易中使用较为广泛，现就汇票使用过程中的常见行为做简要说明。

1. 出票

出票（Issue），是指出票人依照法定款式作成票据并交付于收款人的行为，是基本票据行为，是其他一切票据行为的基础。以汇票为例，完整的出票行为应包括两个内容：一是出票人制作汇票并签字，出票人的签字使汇票生效，二是将票据交付给收款人，否则汇票是无效票据。

2. 提示

提示（Presentation），指持票人将汇票提交给付款人要求付款或承兑的行为，分付款提示（presentation for payment）和承兑提示（presentation for acceptance）。即期汇票只用做付款提示；远期汇票要先做承兑提示，汇票到期时再做付款提示。

3. 背书

背书（Endorsement），指持票人转让票据权利给他人。票据的特点在于其流通性。票据转让的主要方法是背书，当然除此之外还有单纯交付。背书转让是持票人的票据行为，只有持票人才能进行票据的背书。背书是转让票据权利的行为，票据一经背书转让，票据上的权利也随之转让给被背书人。

4. 承兑

承兑(Acceptance),是指付款人对远期汇票表示承担到期付款责任的行为。承兑是汇票独有的一种行为。承兑手续是由付款人在汇票正面写上"承兑"(Accepted)字样,并注明承兑日期,由承兑人签字后交还持票人,到期付款时承兑人才收回汇票。

5. 保证

保证(Deposit),是指票据保证人以担保票据债务的履行为目的而进行的票据行为。票据保证的目的是担保其他票据债务的履行,适用于汇票和本票,不适用于支票。

6. 保付

保付(Confirm),保付是指银行对出票人签发的支票所作的保证付款的行为。支票一旦经付款人保付,在支票上注明"照付"或"保付"字样,并经签名后,付款人便负绝对付款责任,不论发票人在付款人处是否有资金,也不论持票人在法定提示期间是否有提示,或者即使发票人撤回付款委托,付款人均须按规定付款。

7. 追索

追索(Recourse),指汇票遭拒付或拒绝承兑时,持票人向其前手背书人或出票人请求偿付票款的行为。"前手"相对的是"后手",持票人前面的出票人和汇票转让人都是其前手,后面的汇票转让人和接受人都是其后手。

巩固提高

一、连线题

1. Bill of Exchange	1. 承兑
2. Recourse	2. 支票
3. Payer	3. 汇票
4. Check	4. 付款人
5. Acceptance	5. 追索

二、单项选择题

1. 某公司签发一张汇票,上面注明"AT 90 DAYS AFTER SIGHT"。这张汇票属于(　　)。

A. 光票　　　　B. 即期汇票　　　　C. 跟单汇票　　　　D. 远期汇票

2. 国际贸易中使用的票据主要有汇票、本票和支票,其中使用最多的是(　　)。

A. 汇票　　　　B. 本票　　　　C. 支票　　　　D. 汇票和支票

3. 全套汇票的正本份数一般是(　　)。

A. 一份　　　　B. 两份　　　　C. 三份　　　　D. 视不同国家而定

4. 一张商业汇票见票日为1月31日,见票后1个月付款,则到期日为(　　)。

A. 2月28日　　B. 3月1日　　C. 3月2日　　D. 3月3日

5. 某汇票其见票日为5月31日,如付款日期规定为:①见票后90天;②从见票日起90天;③见票后1个月。则付款日分别为(　　)。

A. 8/29,8/28,6/29　　　　　　　　B. 8/28,8/29,6/29
C. 8/28,8/29,6/30　　　　　　　　D. 8/29,8/28,6/30

6.关于汇票的表述,正确的是(　　)。

A.汇票上可以记载付款条件,汇票仍然有效

B.实务中汇票通常采用空白背书

C.汇票在提示付款前必须先提示承兑

D.汇票既有即期的也有远期的

三、多项选择题

1.按我国《票据法》,汇票抬头的规定方法有(　　)。

A.限制性抬头　　　　B.指示性抬头　　　　C.持票人抬头

D.来人抬头　　　　　E.记名抬头

2.支票的基本当事人有(　　)。

A.出票人　　　　　　B.收款人　　　　　　C.付款人

D.承兑人　　　　　　E.背书人

3.本票的基本当事人有(　　)。

A.出票人　　　　　　B.收款人　　　　　　C.付款人

D.承兑人　　　　　　E.保证人

四、素养提升

我国A进出口公司出口货物给国外某商人,金额为5000加拿大元。国外某商人开出以加拿大皇家银行(Royal Bank of Canada)为付款人的支票一张,支票背面条款为:"在提交此支票并附有空运/船运单据副本的48小时内将款项电汇到持票人账户。"(Please release the fund by T/T to the above bearer A/C within 48 hours presentation of the Cheque and attaching with the Copy of Airway Bill/Shipping Documents.)

我国公司发货后,将支票和单据寄到加拿大皇家银行请求电汇货款,但遭到拒付,理由是账户无法确定(Unable to Locate A/C)。

问题:试分析这起事件的真相。

任务二　理解汇款和托收

随着国际贸易结算方式的发展,国际贸易中的支付方式种类也很繁多,但基本方式就是汇款、托收和信用证,首先,让我们一起来理解汇款和托收两种结算方式。

任务描述

2021年9月,我方向某国客户出口一批生鲜物品。合同支付条款规定:凭以买方为付款人见票后60天付款的汇票托收。我方备妥了各种单据,向托收行办理见票后60天远期付款托收。代收行按照要求处理了单据,但对方不能提货,于是对我方公司提出异议,之后我方与银行

沟通改为承兑交单,但是进口商因没能按时提货而拒绝付款,我方以损失十几万美元结案。请问我方公司应吸取什么教训?工作问题出现在哪?

任务准备

一、汇款

汇款,又称汇付(Remittance),是较为简单也较为广泛的一种货款结算方式,是指买卖双方签订商务合同后,汇款人(进口商)委托中间人银行将款项支付给收款人(出口商)的结算方式。

(一)汇款业务的当事人

汇款业务一般涉及的四个当事人如下:

(1)汇款人(Remitter),即汇出款项的人,通常是进口商。

(2)汇出行(Remitting Bank),是接受汇款人的委托,汇出款项的银行,通常是进口商所在地的银行。

(3)汇入行(Receiving Bank),是接受海外分行或代理行的委托,按其指示或支付命令,解付一定金额给收款人的银行,通常是收款人所在地的银行。

(4)收款人(Payee),是汇款人指定的、收取款项的人,通常是出口商。

汇付方式下,汇款人委托汇出行办理汇款时的操作程序如下:①开具汇款申请书,写明收款人的名称和地址、汇款金额、汇款方式等内容;②汇出行接受委托,按照申请书的指示,通知汇入行将款项解付给收款人。

(二)汇付的种类

1. 信汇

信汇(Mail Transfer,M/T)是指进口商将货款交付给当地银行,银行开具付款委托书,用航空邮件寄交国外汇入行,指示其办理资金转移的汇付方式。

2. 电汇

电汇(Telegraphic Transfer,T/T)是指进口商将款项和电汇申请书一起发出,请其以电信手段如电报、电传或SWIFT方式通知汇入行,付款给指定收款人的汇付方式。汇入行收到电汇委托书并经审核无误后,据以缮制取款通知书通知收款人取款。之后,汇入行向汇出行发出付讫通知。

电汇由于是银行之间直接通信,可以保证信息的安全、高速流通,发生错误和遗失的可能性较小,因此电汇已成为目前汇付中最普遍的方式。

理论上,国际贸易工作中的电汇方式有以下四种:

(1)预付货款(Payment in Advance),是指进口商先将货款全部电汇给出口商,出口商收款后再发货。这种做法对出口商最为有利,但对进口商不利。适用的场合有:出口商信誉较好,进口商又急需其货物;跨国公司内部结算等。

(2)货到付款(Payment after Arrival of the Goods),是指出口商先发货,进口商收到货物后或过一段时间后再将货款电汇给出口商。这种做法对进口商最为有利,但对出口商不利。适用场合有:客户进口量大,信誉好,利润较丰厚;产品在市场上处于供大于求的状态。

(3)凭单付现(Cash against Documents)。

①前 T/T(T/T in Advance),是指出口商在发货后,将货运单据传真给进口商,之后进口商在收到货运单据的传真件之后电汇货款给出口商,最后出口商在收到电汇货款后将正本货运单据快递给进口商。

②后 T/T(T/T after Delivery),是指出口商在发货后将正本货运单据快递给进口商,之后进口商在收到正本单据后电汇货款。

(4)凭单付汇(Remittance against Documents),是指进口商将货款汇到汇入行,但指示汇入行暂时不将货款划给出口商,等出口商提交了正本货运单据后才划款给出口商。

3.票汇

票汇(Demand Draft,D/D)是指进口商向本地银行(出票行)用电信手段购买银行汇票(一般是即期汇票)自行寄送或亲自携带出国给出口商,出口商(收款人)凭汇票上指定的出口地银行(付款行)兑付款项的一种汇款方式。

案例4-3

请根据汇付方式的特点,回答下列问题:
1.哪种汇付方式最受银行喜欢?
2.哪种汇付方式最受收款人喜欢?
提示如下:

	信汇	电汇	票汇
特点	费用低 操作手续较复杂	付款速度快 安全性高	操作手续简单 受银行欢迎

【案例分析】

电汇方式最受收款人喜欢;票汇方式最受银行喜欢。

无论采用何种汇付方式,结算工具的传送方向与资金的流动方向相同,均属于顺汇。

信汇虽然费用低,但是速度较慢,操作手续多,因此在实际业务中很少使用。

(三)汇款的特点

汇款相比信用证来讲,具有以下特点:

(1)商业信用。银行仅凭汇款人的指示转移相关款项,不负责传递单据,更不承担任何付款或者担保责任。预付货款项下,出口人是否及时交货、所交货物是否符合合同的约定,进口人是否全额、及时付款,全凭买卖双方的商业信用,因此存在商业信用风险。如采用该付款方式,应事先调查对方资信。

(2)资金负担不平衡。预付货款项下,卖方可利用预付款备货、装货,减轻自行垫付资金的负担。货到付款项下,进口人可收货后甚至可在出售货物后支付货款。

(3)手续简便、费用低廉。

二、托收

托收(Collection)是债权人(出口商)在发运货物后将票据和汇票交给银行,委托银行向债务人(进口商)收取货款的一种结算方式。其基本做法是出口商先行发货,然后备妥所要求的商业单据并开出汇票(或不开具汇票),把全套单据交出口地银行(托收行),委托其通过进口地的分行或代理行(代收行)向进口商收取货款。托收是一种逆汇结算方式,即结算工具与资金流向相反。

(一)托收业务的当事人

(1)委托人(Principal),是开立汇票连同货运单据委托银行向国外进口商(买方)收取款项的人,是债权人,一般为出口商(卖方)。

(2)托收行(Remitting Bank),是接受债权人的委托向国外的债务人收取款项的银行,一般为出口地的银行。

(3)代收行(Collecting Bank),是接受托收行的委托向债务人收取款项的进口地银行。代收行大都是托收行的国外分支机构或代理行。

(二)托收的结算方式

托收可根据使用的汇票是否随附货运单据,分为光票托收(Clean Collection)和跟单托收(Documentary Collection)。

(1)光票托收:指出口商在收取货款时仅凭汇票,不附任何货运单据。

(2)跟单托收:按照交单条件不同分为付款交单和承兑交单。

①付款交单(Documents against Payment,D/P)。

a. 即期付款交单(Documents against Payment at Sight,D/P at Sight),是指出口商发货后开具即期汇票(或不开汇票),连同货运单据等全套商业单据,委托银行向进口商提示,进口商见单据(和汇票)后立即付款,银行在其付清货款后交出商业单据。

b. 远期付款交单(Documents against Payment after Sight,D/P after Sight),是指出口商按合同规定日期发货后,开具远期汇票连同全套商业单据,委托银行向进口商提示,进口商审单无误后先在汇票上承兑,于汇票到期日付清货款,然后从银行处取得商业单据用以提取货物。

②承兑交单(Documents against Acceptance,D/A),是指代收行交单以进口商在汇票上承兑为条件。即出口商在装运货物后开具远期汇票,连同货运单据,通过银行向进口商提示,进口商承兑汇票后,代收行即将货运单据交给进口商,在汇票到期时,进口商履行付款义务。

付款交单和承兑交单的相同点是都属于商业信用,资金的流向和结算工具的传递方向相反;不同点首先是交单依据不同,一个是付款,另一个是承兑,收款时间上承兑交单的收款时间是远期的,承兑交单委托人承担的风险较大。

(三)托收的特点

(1)结算手续相对简单,费用较低。

(2)资金负担不够平衡,主要指出口商的负担较重,进口商只需在代收行交付货运单据时才付款,甚至只需要承兑远期汇票就可以获得单据,有较长的时间处理货物,及时回笼货款,因此占用资金少,时间短。

(3)对出口商来说风险较大。托收属于商业信用,因此对于一些进口商商业信用差,违约拒付或因破产、倒闭而无力支付货款的情况,出口商既得不到货款也收不回货物,损失就很大。

总体来说,托收方式是一种倾向于进口商有利的结算方式。

案例4-4

按照不同的跟单托收条件,你能确定下面这两个案例的付款日吗?

案例1:某国A公司出口一批货物给B公司,合同中规定付款条件是D/P at Sight,代收行于2021年6月9日向B公司提示汇票和单据,B公司应何时向银行付款?

案例2:某国A公司出口一批货物给B公司,合同中规定付款条件是D/P at 30 Days after Sight,代收行于2021年6月9日向B公司提示汇票和单据,B公司应何时向银行付款?

【案例分析】

案例1的付款日期是2021年6月9日,案例2的付款日期是2021年7月10日。

任务实施

第1步 国际贸易支付方式有哪些?(　　)

A.托收　　　B.汇付　　　C.信用证　　　　D.支票

第2步 汇款和托收都属于商业信用吗?(　　)

A.是　　　B.否

第3步 托收方式下使用远期汇票时,有哪两种不同的操作方式?

_____

第4步 本案例中我方公司的主要失误和教训是什么?

_____

巩固提高

一、单项选择题

1.在(　　)方式下,汇入行无须通知收款人到银行取款。

A.电汇　　　　B.信汇　　　　C.票汇　　　　D.顺汇

2.电汇适合以下哪种情况的汇款?(　　)

A.金额小、收款急　　　　　　B.金额小、收款不急

C.金额大、收款急　　　　　　D.金额大、收款不急

3.托收方式的当事人有(　　)。

A.委托人、托收行、代收行、付款人

B.委托人、付款人、托收行、背书人

C.委托人、背书人、被背书人、付款人

D.正当持票人、委托人、保证人、付款人

4.托收方式属于(　　)。

A.顺汇　　　　　　B.逆汇　　　　　　C.代理收款　　　　D.银行代付

二、多项选择题

1.汇付的当事人包括(　　)。

A.汇款人　　　　　B.收款人　　　　　C.汇出行

D.汇入行　　　　　E.偿付行

2.托收方式对于买方来说(　　)。

A.风险小　　　　　　　　　　　　　　B.资金负担小

C.费用低　　　　　　　　　　　　　　D.可以取得卖方的资金融通

三、判断题

1.光票托收中没有货运单据,只有金融单据。(　　)

2.采用承兑交单方式对进口商有利而对出口商不利。(　　)

3.要求进口商以电汇方式支付货款,可以加速出口商的资金周转。(　　)

4.汇付是付款人主动通过银行或其他途径将货款交收款人的一种支付方式,所以属于商业信用;而托收通常称为银行托收,因而它属于银行信用。(　　)

四、素养提升

请比较即期付款交单、远期付款交单和承兑交单的异同。

任务三　掌握信用证方式

在国际贸易业务中,信用证(Letter of Credit,L/C)是较重要的结算方式,大多数国际业务交易都是采用信用证结算的。

任务描述

2021年年底,小陈所在的公司出口了一批日用品货物,进口商开立的是不可撤销信用证,见票后60天付款。单据送抵开证行后经审核单证相符,随即由进口商办理汇票承兑手续。付款期限届满之前,这批货到达了港口码头,进口商到码头验货,发现这批货物的品质与合同条款不符,以小陈方公司违反合同为由,要求开证行拒绝对外付款。小陈认为开证行会接受进口商的要求不付款,你觉得小陈的想法对吗?

任务准备

一、信用证的含义

信用证是银行(开证行)按照客户(开证申请人)的要求和指示,向第三者(受益人)开具的具有一定金额的保证文件,保证当受益人在规定的时间内交来符合信用证要求的全套单据时,由开证行对受益人付款或承兑并在到期日付款。在信用证业务中,银行的保证是重中之重,也就是说,只要出口商在规定的时间内提交了符合要求的单据,开证银行就必须向出口商付款。

二、信用证业务的当事人

(1)开证申请人(Applicant),又称开证人(Opener),是指向银行申请开立信用证的人,一般为进口商。

(2)开证行(Opening Bank;Issuing Bank),是指接受开证申请人委托开立信用证的银行,一般为进口商所在地的银行。

(3)受益人(Beneficiary),是指信用证中所指定的有权使用信用证、提供符合信用证要求的单据、向开证行或付款行要求支付货款的人,一般为出口商或中间商。

(4)通知行(Advising Bank;Notifying Bank),是指受开证行委托,将信用证的内容转交给受益人的银行,通常是指出口地的银行。通知行只证明信用证的表面真实性,不承担其他义务。

(5)议付行(Negotiating Bank),是指买入受益人按信用证规定提交的单据、贴现汇票的银行。在信用证业务中,议付行通常以汇票持票人的身份出现,因此,当付款人拒付时,议付行对汇票出票人(出口商)享有追索权。议付行一般是出口商所在地的银行。

信用证业务除了以上五种基本当事人以外,还有其他当事人:

(1)付款行(Paying Bank),指承担信用证下的付款责任的银行。在需要汇票的信用证下,付款行通常是汇票的受票人。付款行可以是开证行,也可以是开证行委托的其他银行,如出口地、开证地或该信用证货币清算中心的银行等。

(2)偿付行(Reimbursing Bank),又称"清算银行"(Clearing Bank),指受开证行的指示或授权,对付款行或议付行的索偿予以偿付的银行。偿付行通常是信用证货币清算中心的银行,或开证行在出口地的分支机构。在开证行与议付行或付款行之间没有相应的货币账户关系时,就需要借助偿付行达到付款与清算的目的。

(3)保兑行(Confirming Bank),指应开证行的请求对信用证加具保兑的银行。

(4)承兑行(Accepting Bank),指承兑信用证下对受益人签发的远期汇票进行承兑的银行。承兑行可以是开证行本身,也可以是通知行或其他指定银行。

(5)交单行(Presenting Bank),又称"寄单行",指受开证行或受益人委托,将单据寄交开证行或其指定银行的银行,它不承担议付或付款责任,仅起传递单据的作用。

案例4-5

2022年1月,上海一家进出口公司收到一份信用证,该信用证没有规定装期,只有效期,而且出口商与买方联系不上。

问题:出口商应该怎么办?

【案例分析】

装期指的是货物的装运期限,信用证的装期不能超过效期(信用证的有效期),但可与效期是同一天。信用证可以没有装期,但是这种情况下,出口商可以让进口商提出装期,也可以抓紧时间装运,赶在信用证的效期前向银行交单。

【案例反思】

遇到特殊情况要冷静思考,按照条款要求去做。

三、信用证的特点

根据《跟单信用证统一惯例》的规定,信用证主要有以下几个特点:

(1)开证行负首要付款责任。

信用证支付方式是以银行信用作保证的,所以开证行应承担首要的付款责任。即使开证人事后丧失偿付能力,只要出口商提交的单据符合信用证条款,开证行就必须承担付款责任。

(2)信用证是一种自足文件。

信用证是依据买卖合同开立的,但一经开立,即成为独立于买卖合同之外的契约。信用证各当事人的权利和责任完全以信用证条款为依据,不受买卖合同的约束,这极大地缓解了买卖双方不信任的矛盾。汇付和托收都是商业信用,在双方不熟悉的情况下,不敢贸然采用;信用证是银行信用。

(3)信用证业务处理的是单据而非货物。

信用证是一种独立的文件,它不依附于贸易合同,且只处理单据,不涉及具体的商品或劳务。银行处理信用证业务只凭单据,不问货物是否与单据相符。银行是否付款以受益人提交的单据是否与信用证条款相符为依据。这种"相符"必须是严格符合,不仅要单证一致,而且要求单单一致。

(4)手续麻烦,费用高。

相互之间很熟悉的进出口商一般都不愿意采用信用证结算。

(5)不能完全防范结算风险。

第一,银行不管合同、货物和单证真伪给某些不法商人带来了可乘之机;第二,即使交付的货物与合同完全相符,如果单证不符,则也会遭到银行拒付;第三,开证行本身的资信有高低,一些实力较弱的银行也有破产倒闭、丧失偿付能力的可能;第四,受政治经济形势的影响,开证行也有付不出款的时候。

(6)专业性强,容易出错。

信用证的专业性很强,不熟悉的人容易出错。出错后进口商可以拒付。另外,还有一些不法商人利用其专业性强、容易出错的特点故意在信用证中设置"软条款",以达到拒付或迫使出口商降价贱卖的目的。

案例4-6

A公司按信用证要求将货物装出,但在将单据交当地银行议付前突然接到开证行的通知。该通知说:因开证申请人已倒闭,因此开证行不再承担付款责任。

问题:开证行的说法是否正确呢?

【案例分析】

信用证的特点就是开证行负首要付款责任,只要受益人提交了符合规定的单据,开证行就必须付款,而不管开证申请人是否付款给它。

【案例反思】

在货款结算过程中,要分清各主体责任,在工作过程中要认真细致。

四、信用证的种类

根据信用证的性质、付款方式、使用特殊性等,可以将信用证划分为很多种类,最常见的是做如下分类:

(1)按信用证项下的汇票是否附有货运单据,划分为跟单信用证和光票信用证。

①跟单信用证(Documentary Credit),是开证行凭跟单汇票或仅凭单据付款或议付的信用证。单据是指代表货物所有权或证明货物已装运的货运单据,如提单、航空运单等。国际贸易所使用的信用证大多是跟单信用证。

②光票信用证(Clean Credit),是开证行仅凭出口商开具的汇票,无须附带货运单据付款的信用证。有的信用证要求汇票附有发票、收据、垫款清单等非货运单据,也属光票信用证。光票信用证一般仅适用于贸易从属费用的清算和总公司与各地分公司间的货款清偿。

(2)以开证行所负的责任为依据,信用证可分为不可撤销信用证和可撤销信用证。

①不可撤销信用证(Irrevocable Letter of Credit),是指信用证一经开出,在有效期内未经受益人及有关当事人同意,开证行不得单方面修改或撤销,只要受益人提供符合信用证规定的单据,开证行就必须履行付款义务。这种信用证对受益人较有保障,因而使用最为广泛。

②可撤销信用证(Revocable Letter of Credit),是指开证行在付款或被议付以前,可不经受益人同意随时修改或撤销的信用证。但根据国际统一惯例 UCP 600 规定,银行不可开立可撤销信用证。因此这种信用证已经不用了。

五、信用证的业务流程

不同种类信用证,业务流程也有所不同,下面以实际工作中常用的跟单信用证为例,介绍其业务流程,如图 4-1 所示。

任务实施

第 1 步　信用证以开证行所负责任为依据,分为_____和_____。

第 2 步　请翻译下列名词。

光票信用证:_____

不可撤销信用证:_____

即期信用证:_____

第 3 步　你觉得小陈对信用证结算方式业务熟悉吗?

第 4 步　小陈的想法你同意吗?为什么?

第 5 步　通过小陈的这个案例,正在学习的你可以吸取什么教训?

图 4-1 跟单信用证业务流程

层面	回答
职业素养方面的经验	
职业技能方面的积累	

拓展提升

"信用证是古老商人的天才创造。"自 19 世纪,为解决国际贸易中买卖双方的信任问题,就有了现代信用证的雏形,也奠定了现行通用的国际贸易规则的基础。信用证通过银行这一信用中介,确定了进出口双方在付款、交货方面的重要规则框架,大幅降低风险,但也不能做到真正的"零风险"。特别是疫情席卷全球,对进出口贸易的冲击最为直接和重大,而信用证作为最主流的支付方式之一,相应地面临新的挑战。对此,如何尽早定位风险、识破风险,并做好相应的防范和应对呢?请同学们以小组为单位,通过查阅相关信用证资料进行问题讨论。

巩固提高

一、单项选择题

1. 属于银行信用支付方式的是（　　）。
   A. 票汇　　　　　B. 电汇　　　　　C. 信汇　　　　　D. 信用证
2. 信用证支付当中的第一付款人是（　　）。
   A. 通知行　　　　B. 开证行　　　　C. 议付行　　　　D. 付款行
3. 根据 UCP 600 的规定，开证行的合理审单时间是收到单据次日起的（　　）个工作日之内。
   A. 5　　　　　　B. 6　　　　　　C. 7　　　　　　D. 8

二、多项选择题

1. 下列属于信用证基本当事人的有（　　）。
   A. 开证行　　　　B. 汇出行　　　　C. 委托人
   D. 开证申请人　　E. 受益人
2. 信用证所要求的单据种类主要有（　　）。
   A. 支付票据　　　B. 货物单据　　　C. 运输单据
   D. 装船通知　　　E. 保险单据

三、判断题

1. 按《跟单信用证统一惯例》规定，信用证的修改通知书有多项内容时，受益人可只接受同意的内容，而对不同意的内容予以拒绝。（　　）
2. 信用证结算方式只对卖方有利。（　　）

四、素养提升

国内某外贸企业向韩国出口一批大豆，价值 200 多万美元，结算方式为即期信用证。进口商是韩国专门经营谷物的公司，装运港大连港，卸货港釜山港。信用证要求装船后 72 小时内将 1/3 提单正本快递交开证申请人，2/3 交银行结汇。

但走业务流程时，因为条款上英文单词拼写错误导致开证人拒付，不接受不符单据。经过长时间交涉仍然不付款，但是货物已经被提走，最后我国出口商不得不以降价、延期 90 天为代价才收回货款。

问题：在本案例中，该外贸企业应如何保护自己？请同学们仔细思考。

任务四　理解结算方式的综合应用及其风险防范

随着国际贸易业务的发展，考虑到全球金融的动荡局势，国际货款结算的方式也发生了变化。很多进口商更愿意采用托收和电汇方式进行货款结算，但由于是商业信用，所以贸易往来几乎完全取决于进出口双方的信誉支撑。而信用证是以银行作为中介，风险较小，但是手续繁杂，条件也较复杂。这就要求进出口企业权衡利弊后，扬长避短，综合运用货款结算方式，分散风险,促进交易的达成。

 任务描述

2021年7月,我国广州出口商顺义公司与新西兰进口商港城公司签订了一份机械出口合同,付款方式为D/P 60 Days。顺义公司在2021年的8月11日发货,15日将全套单据交给了A托收行。A托收行于第二天将全套单据寄往新西兰代收行B银行。8月底,B银行来电确认单据已收妥。

10月12日为单据付款到期日,A托收行没有收到货款,于是与顺义公司联系,顺义公司立即与港城公司进行紧急洽谈。10月17日,A托收行发电催收,B银行回电称未收到港城公司的货款。10月21日,B银行来电告知港城公司已作承兑,到期日为12月12日。但是B银行在到期日再次来电说还是没有收到港城公司的货款,等待A银行的指示。A银行通知了顺义公司后多次与B银行联系,但始终没有给予回复。

广州顺义公司考虑到货物到港后会产生滞纳金等费用,则联系船公司询问货物下落,发现港城公司早已经凭正本提单将货物提走。顺义公司马上通知A银行,A银行当即致电B银行,要求其退回全套单据。一直到2022年年初,A银行才收到B银行的付款通知,而此时顺义公司仅仅因为仓储费等就损失了2500美元。

请问,在本次事件中,顺义公司存在哪些失误呢?如果是你,你该怎么处理呢?

 任务准备

国际货款结算过程中,需要考虑买卖双方的信用情况、货物状况等因素,选择适合自己的结算方式。很多种情况下,同时采用两种或两种以上的结算方式,可以最大限度地规避国际贸易风险。

一、信用证与汇款相结合

信用证与汇付相结合是指大部分货款采用信用证支付,余款采用汇付。例如买卖粮食、矿砂、煤炭等散装货物,买卖合同规定90%的货款以信用证方式付款,余额10%待货物运抵目的港,经检验核实货物数量后,按实到的数量确定余数金额后以汇付方式支付。

二、信用证与托收相结合

这种结合是指不可撤销信用证与跟单托收两种方式的结合。具体是一笔交易的贷款部分用信用证付款,另一部分以托收方式进行结算。具体操作时托收必须是付款交单方式,出口商签发两张汇票,一张用于信用证项目下,另一张必须随附规定的全部单据,按即期或远期托收,但在信用证中应明确列明必须于付清发票全部金额后方可交单的条款。例如:"70%发票金额凭即期信用证支付,其余30%即期付款交单。100%发票金额的全套货运单据随附于托收项下,于申请人付清发票全部金额后交单。如果进口商不付清全部金额,货运单据由开证银行掌握,凭出口商指示处理。"

三、跟单托收与汇款相结合

这种结合是指采用跟单托收,并由进口商预付部分货款或用一定比例的押金作为保证。出口商收到预付款或押金后发运货物,并从货款中扣除已收款项,将余额部分委托银行托收。托收采取即期或远期付款交单的方式。如果托收金额被拒付,出口商可将货物运回,而从已收款项中扣除来往运费、利息及合理的损失费用。

四、不同结算方式的风险防范

(一)汇款的风险防范

汇款,又称汇付,是一种商业信用,有一定的风险,有些"打擦边球"的商人经常利用汇款进行诈骗。如进口商要求货到付款,到货后,再以质量、规格等不符为由拒绝付款或压价,或要求货物销售后再去付款等。使用汇款的结算方式时,作为出口商应注意风险防范,一般注意以下事项:

(1)做好客户资信调查,如果客户资信不佳或者是新客户,则不轻易采用汇款。

(2)一般应采用前 T/T 的电汇结算方式,风险较小,速度快,流程如下:

①买卖双方签订合同后,进口商电汇部分预付款给出口商,一般为全部货款的 30%;

②在收到预付款后出口商发货,并将提单传真给进口商;

③在收到提单传真后,进口商电汇其余货款;

④出口商在收到货款后,将全套正本货运单据快递给进口商。

(3)对一些较大的订单,可以采用"分批发货、分批付款"的方法降低风险。

(4)必要时可以做国际保理业务或投保出口信用险。

(5)在合理的场合下使用汇款方式,如:与少数有长期业务往来、资信良好的客户之间的结算;小额贸易、贸易从属费用(货款尾数、佣金回扣等)的结算;跨国公司内部的结算;分期付款或延期付款的结算等。

(二)托收的风险防范

托收是商业信用,银行只提供服务,不承担付款责任,出口商是否能收到货款,主要看进口商是否守信用。对进口商来说,托收这种结算方式对它很有利。因为托收是出口商先发货后将单据和汇票交给银行,委托银行向进口商收取货款的方式,进口商不仅没有风险,还有短期融资。但托收毕竟是一种商业信用,一般会存在进口商不收货、不付款、破产倒闭无力付款、找各种理由拒绝承兑要求降价、不履约等风险,所以还是需要进行风险防范的,一般注意以下事项:

(1)做好客户资信调查,根据客户的信用、经营能力和作风决定是否采用托收并确定托收金额的大小;

(2)严格按合同规定制单,否则买方有权拒付;

(3)尽量采用即期付款交单,慎用远期付款交单和承兑交单;

(4)尽可能选择信誉好的银行做代收行;

(5)知己知彼,了解进口国的贸易法规、外汇管理条例和银行习惯;

(6)货物提单一般应做成指示性抬头,以便在进口商拒绝付款或承兑时控制物权;

(7)出口商在进口国最好有代理人,以便在进口商拒付时,有人代办存仓、保险、转运或运回等手续;

(8)让客户先电汇部分定金以降低风险;

(9)必要时可以做国际保理业务或投保出口信用险。

案例4-7

托收为什么可以作为增强出口竞争力的一种手段?

【案例分析】

托收的结算方式是先发货后付款,对进口商来说,托收这种结算方式很有利,几乎没有风险,而且能得到短期融资,如果是承兑交单,融资的时间更长。

【案例反思】

在货款结算过程中,要综合考虑各方面因素,合理选择适合的结算方式。

(三)信用证使用风险防范

信用证在国际货款结算中的使用最为广泛,一经开立,即成为独立于买卖合同之外的契约。有时为了骗取出口商的货物,有些买方会伪造信用证,假借国际上的著名银行开证。因此在使用信用证结算货款时,也要注意风险的防范,一般注意以下事项:

(1)慎重选择贸易伙伴。

在寻找贸易伙伴和贸易机会时,应尽可能通过正式途径接触和了解客户,不要与资信不明或资信不好的客户做生意。在签订合同前,应对合作客户进行资信的调查。

(2)预先在买卖合同中明确信用证的内容。

信用证的基础是买卖合同,出口商日后收到的信用证内容如何,可预先在买卖合同里做出明确规定。其中可以包括开证日期、有效期等。

(3)妥善安排好信用证开立的方式和条件。

在信用证结算货款过程中,出口商必须严格按照信用证规定的条件装船交单,才能取得款项。因此出口商在订立买卖合同时,对于有关信用证的开立方式及其条件必须进行妥善安排,对于没有把握的履行条件不要订立或要求修改。

(4)严格审单,防患未然。

严格相符的单据是开证行付款的前提条件,单据不符是开证行凭以拒付的唯一正当依据。必须按照国际统一惯例 UCP 600 的要求,合理谨慎地审核信用证的所有单据,以确定其表面上是否与信用证条款相符。

(5)在业务实践操作过程中要遵循国际惯例,积极运用法律手段维护权益。只有熟练掌握国际惯例和信用证软条款弱点的人,才能据理力争,尽可能地保护受益人的利益。

案例4-8

【翻译训练】

1. All the payment to be made under this contract will be effected in US Dollar by L/C.
2. 80% of balance of total contract value is to be paid by irrevocable sight L/C which is opened one month prior to the delivery of the goods.

【翻译提示】

1. 此合同下的各种款项以信用证方式用美元支付。
2. 全部货款的80%将以不可撤销即期信用证支付，该信用证将于交货前一个月开出。

任务实施

第1步　常用的三种国际货款结算方式中，哪种是商业信用？哪种是银行信用？

第2步　请分析案例中的付款方式是什么？_____。

第3步　请分析案例中的结算方式中银行应该承担什么责任。

第4步　你认为选择支付方式时应该考虑什么因素？

第5步　你认为顺义公司存在哪些失误？

第6步　你认为如何防范此种结算方式的风险更合理？

拓展提升

2022年北京冬奥会结束后，俄乌局势异常紧张，波及很多从事与其相关的进出口贸易业务公司。有网友说："我现在手上有一个乌克兰客户订单，是发货前付全款的，无定金，刚准备开始做，材料已经到位，但现在战争一起，不知道怎么处理。"是否先停止生产、何时恢复生产比较好，暂时也出不了货，都是困扰他的难题。很多与俄乌两国有外贸业务关系的人都处于水深火热中。请同学们查阅相关资料，以小组为单位讨论课题"战争对外贸行业有何影响以及在处理俄乌订单过程中需注意的地方"。

巩固提高

一、单项选择题

1. T/T、M/T、D/D 的中文含义分别是（   ）。
   A. 信汇、票汇、电汇
   B. 电汇、信汇、票汇
   C. 电汇、票汇、信汇
   D. 票汇、电汇、信汇

2. 汇款中的哪种结算方式较受进出口商欢迎，其风险较小，速度较快？（   ）
   A. 前 T/T
   B. 后 T/T
   C. 票汇
   D. 信汇

二、多项选择题

1. 下列属于商业单据的是（   ）。
   A. 发票
   B. 运输单据
   C. 物权单据
   D. 除金融单据外的其他单据
   E. 汇票

2. 信用证对进口商来说（   ）。
   A. 保证出口商凭单据取得货款
   B. 使出口商得到外汇保障
   C. 可以取得资金融通
   D. 取得了银行信用，只要做到与信用证规定相符，银行就保证支付货款
   E. 可保证取得代表货物的单据

三、判断题

1. 在信用证业务中，银行处理的是单据而不是货物。（   ）
2. 凭信托收据提取的货物，其所有权并不随货物的转移而转移。（   ）
3. 要求买方以电汇方式支付货款，可以加速卖方的资金周转。（   ）
4. 信用证在国际贸易结算中应用最广泛，所以没有任何风险存在。（   ）

四、综合题

美国华盛顿一家食品加工企业与荷兰某海鲜供货商有贸易上的往来，近期这家食品加工企业向荷兰首都阿姆斯特丹购买了一批港口产的全鱼粉，CFR 成交，信用证结算。议付时，荷兰出口商提交的商业发票上的货物名称是鱼粉，而不是全鱼粉。

问题：开证行是否可以拒付？

项目五　进出口商品检验检疫与报关

【项目目标】

知识目标：
1. 认识进出口商品检验、检疫与报关的含义。
2. 能理解检验、检疫的作用和报关所经程序。
3. 能区分进出口商品的检验与检疫、进出境物品和进出口货物。

技能目标：
1. 能识别进出口商品检验检疫的内容、种类和方式。
2. 能解释报关时所需提交资料的内容。
3. 能熟悉进出口商品检验检疫的程序。

情感目标：
1. 增加对我国海关工作内容的了解，奠定从事国际贸易事业的职业荣誉感。
2. 能初步认识改革开放以来，我国外经贸事业的快速发展，坚定社会主义制度认同。

任务一　认识进出口商品检验检疫

随着我国开放程度的不断深化，人民生活水平的持续提高，进出口商品的种类和数量越来越多。为了保护国民的健康安全、环境以及国家安全等，必须对进出口商品进行检验检疫。那什么是进出口商品检验检疫？又需要经过哪些程序呢？

任务描述

车厘子是英语单词 cherry（樱桃）的音译，它不是指个小色红皮薄的中国樱桃，而是产于美国、加拿大、智利等美洲国家的个大皮厚的樱桃。近年来随着国民生活水平的提高，车厘子逐步成为我国进口水果消费的重要组成部分。

每一颗进入我国境内的车厘子，除了跋涉千万里，还必须要严格按照《中华人民共和国进出口商品检验法》和《中华人民共和国进出口食品安全管理办法》的规定进行检验检疫。至少需要通过以下几种许可：首先车厘子的输出国家必须经过我国的检验检疫准入；其次进入中国的樱桃果园、包装厂均需在国外官方部门注册；再次进口樱桃的单位需向国家质检总局办理检疫许可证；最后国外的官方机构需要出具植物检疫证书等单证。

2022年1月，小李刚进入广州市某水果贸易企业从事外贸业务，此时即将进入新年高档水果消费的旺季，公司计划从新西兰进口一批车厘子，公司安排小李跟进这批车厘子的进口检验检疫流程以保证其流程的规范性，我们就跟着小李一起来认识一下。

任务准备

一、进出口商品检验检疫

（一）什么是进出口商品检验检疫

进出口商品检验检疫（Commodity Inspection）简称商检，是商品检验检疫机构依照国家相关的法律法规的规定，对进出口的货物及其包装物、物品及其包装物、交通运输工具、进出口人员等实施的检验、检疫和监督管理的统称。

国际贸易中，卖方所交货物的品质、数量、包装等必须符合合同规定，买卖双方交接货物的过程中，对商品进行检验检疫并出具证书，是一个不可缺少的环节。进出口商品检验检疫是随着国际贸易买卖的发展而发展起来的，在国际贸易实务中占有非常重要的地位。

（二）检验和检疫的区别

1. 性质不同

检验是为了判定事物是否符合特定标准而进行的活动。比如用工具、仪器或其他分析方法检查各种原材料、半成品、成品是否符合特定的技术标准、规格的工作过程。

检疫是为了防止人、动植物疫情传入或传出某个区域而采取的措施，是一种风险管理。当人类、动物、植物等，由一个地方进入另一个地方，为防带有传染病等，必须进行隔离检疫，尤其在当地可能发生传染病时。

2. 目的不同

检验：通过对商品的质量、规格、卫生、安全、数量等进行检验、鉴定，可以分离与剔出不合格品，以保证用户接收具有适当质量的产品，建立与维护企业的信誉，保障对外贸易各方的合法权益。

动物性检疫的目的：预防相关的动物源性传染病、寄生虫病或其他生物源性疾病进入该国家或地区，以促进该地区的经济发展，保护动物产业的发展和本地区的人民健康安全。

二、进出口商品检验检疫的作用

（1）行使国家主权的需要。

①为保证安全、健康、环保等而对进出口货物实施检验检疫。

②《中华人民共和国进出口商品检验法》第五条明文规定："列入目录的进出口商品，由商检机构实施检验。前款规定的进口商品未经检验的，不准销售、使用；前款规定的出口商品未经检验合格的，不准出口。"

③技术性贸易壁垒已经构成各国进出口贸易的主要障碍。

（2）促进进出口商品质量的提高。

（3）对于防止传染病的传播、保护人体健康是一个十分重要的屏障。

（4）对进出口商品提供单据证明。

（5）收集和提供与进出口商品质量、检验有关的各种信息。

三、进出口商品检验检疫的内容

1. 进出口商品检验

(1)内容:品质检验、数量和重量检验、包装检验、卫生检验、残损鉴定等。

(2)种类:

法定检验,是对列入《法检目录》的进出口商品以及其他法律法规规定必须检验的商品进行的检验。

合同检验,是由对外贸易合同的当事人约定进行的检验,一般会出具证明和检验证书。

公证鉴定,是对外贸易关系人申请进行的重量鉴定、残损鉴定、包装证明等,一般需要索赔时会实施公证鉴定。

委托检验,是接受生产单位委托检验原材料和成品,或者接受进出口业务有关方的委托检验商品品质、规格、等级,从而作为成交的参考。

2. 进出口动植物检疫

(1)内容:动植物及动植物产品的进出口检疫、过境检疫、进出口携带和邮寄物检疫以及出入境运输工具检疫等。

(2)方式:注册登记、疫情调查、检测和防疫指导。

> **案例5-1**
>
> 2019年5月中国南通出入境检验检疫局工作人员从一艘巴拿马籍入境船舶上截获强生长小蠹、橡胶材小蠹等多种外来有害生物,其中有两种害虫既可危害活体树木,又可危害林木产品,还可以通过商品贸易进行远距离传播,有的还是林木病原菌的传播媒介,一旦传入,造成的危害严重。
>
> 【案例分析】
>
> 为规范外贸秩序,出入境检验检疫必须而且必要。

四、进出口商品检验检疫工作程序

我国自2000年1月1日起实施"先报检、后报关"的货物检验检疫和通关制度。

1. 进口商品检验检疫程序

进口商品检验检疫的基本程序是报检后先放行通关,再进行检验检疫,若检验检疫合格则签发入境货物检验检疫证明,准予销售、使用;若不合格则签发检验检疫处理通知书,需对外索赔的签发检验检疫证书。

2. 出口商品检验检疫程序

出口商品检验检疫的基本程序是报检后先检验检疫再放行通关,它与进口商品的检验检疫和通关程序正好相反。

在出口商品检验检疫过程中,本地报关的经检验检疫合格后签发出境货物通关单;异地报关的,产地经检验检疫合格后签发出境货物换证凭单,口岸检验检疫机构查验后,换发出境货物通关单。对于经检验检疫不合格的商品,签发出境货物不合格通知单,不准出口。

五、进出口商品检验检疫证书的作用

(1)交货凭据:作为证明卖方所交货物的品质、重(数)量、包装以及卫生条件是否符合合同规定的依据。

(2)收款依据:作为卖方银行议付货款的一种单据,是收取货款的必要条件。

(3)索赔和理赔依据:作为买方对品质、重(数)量、包装等条件提出异议,拒收货物,要求理赔,解决争议的凭据。

(4)海关放行依据:作为通关验放的有效证件。

六、进出口商品检验的时间和地点

在国际贸易合同中,根据国际贸易惯例和我国的实际做法,有关商品检验的时间和地点的规定方法一般有以下三种。

1. 出口国检验

出口国检验分为在产地(或工厂)检验和发船前或装船时在装运港检验两种方式。

第一种方式卖方只承担商品离开产地(或工厂)前的责任,对货物在运输中所发生的一切变化都不负责。第二种方式在装运港交货前,由检验机构出具的检验证书作为商品的品质、数量、包装等内容的最后依据,卖方对交货后所发生的变化同样不承担责任。

很明显,出口国检验的方法对于买方来说,是非常不利的,出口国检验办法本质上否定了买方的复验权利。出口国检验比较适合国际贸易术语中的工厂交货 EXW。

2. 进口国检验

进口国检验分为在目的港(地)卸货后检验和在买方营业所在地或最终用户所在地检验两种方式。

与出口国检验方法相比,进口国检验方法对于卖方是不利的。

3. 装运港(地)检验,目的港(地)复验

卖方在出口国装运货物时,以合同规定的装运港或装运地检验机构出具的检验证书,作为卖方向银行收取货款的凭证之一。货物运抵目的港或目的地后,由双方约定的检验机构在规定的地点和期限对货物进行复验。复验后,如果货物与合同不符,而又属于卖方的责任所致,此时买方有权凭该检验机构出具的检验证书,在合同规定期限内向卖方索赔。

这种方法最为常见,对买卖双方更公正,已成为公认准则。

任务实施

第 1 步　进口车厘子需进出口检验还是检疫?或者两者均需要?(　　)

A.仅检验　　　　B.仅检疫　　　　C.检验检疫

第 2 步　进口的车厘子已符合案例中的四个许可,就可以申请免检,是否妥当?(　　)

A.妥当　　　　　　　　　　　　B.不妥当

第 3 步　符合车厘子这批进口货物检验检疫程序的是哪一种?(　　)

A.先通关再检验检疫　　　　　　B.先检验检疫再通关

第 4 步　进口车厘子若检验检疫合格则签发入境货物检验检疫证明,准予销售、使用;若不

合格则什么都不用签发。以上说法是否正确？（ ）

　　A.正确　　　　　　　　　　　　B.错误

第5步　请列举进出口商品检验检疫证书的作用。

_____

第6步　针对这批进口车厘子，你在与贸易商拟订合同时会把哪些检验检疫内容列入？

_____

第7步　通过任务，正在学习的你可以汲取什么经验？

层面	回答
职业素养方面的经验	
职业技能方面的积累	

拓展提升

　　进出口商品检验的时间和地点指的是在何时、何地行使对货物的检验权。所谓检验权，是指买方或者卖方有权对所交易的货物进行检验，其检验结果即作为交付与接收货物的依据。

　　确定检验的时间和地点实际上就是确定买卖双方中哪一方行使对货物的检验权，即确定检验结果以哪一方提供的检验证书为准。简言之，谁拥有检验权，谁就拥有对货物的品质、数量、包装、卫生、安全等内容进行最后评定的权利。因此，如何规定检验时间和地点是直接关系到买卖双方切身利益的重要问题，是双方商定检验条款时的核心所在。因此，在拟订外贸合同时对检验权的确定要注意哪些方面？请同学们各抒己见。

巩固提高

一、单项选择题

1.下列哪一种检验方式对卖方不利？（　　）。

　　A.出口国检验　　　　　　　　　　B.进口国检验

　　C.装运港（地）检验，目的港（地）复验　　D.都不检验

2.下列进出口货物的品类中，仅需做检验的是（　　）。

　　A.电脑芯片　　B.土豆　　　　C.牛肉　　　　D.菠萝

3.下列进出口货物的品类中，需做检疫的是（　　）。

　　A.玩具　　　　B.服装面料　　C.茶具　　　　D.宠物猫

4.关于进出口商品检验检疫证书的说法正确的是（　　）。

　　A.不作为交货质量依据　　　　　B.不作为海关放行依据

　　C.可作为索赔依据　　　　　　　D.可作为免税依据

二、多项选择题

1. 进出口商品检验内容包括（　　）。
   A. 品质检验　　　　　　　　　B. 数量和重量检验
   C. 包装检验　　　　　　　　　D. 卫生检验
2. 进出口商品检验的方式包括（　　）。
   A. 法定检验　　　　　　　　　B. 公证鉴定
   C. 委托检验　　　　　　　　　D. 合同检验

三、简答题

在进出口贸易业务中，货物的接收等同于买方接受货物吗？

四、素养提升

随着我国在世界贸易中所占的份额逐步增加，在出口中受到世界各国贸易壁垒的限制，其中技术性贸易壁垒对我国农产品出口的限制尤为严重。所谓技术性贸易壁垒是指进口国有意识地利用复杂苛刻的技术标准、卫生检疫规定、商品包装和标签等规定来限制商品的进口。这直接导致我们出口产品的成本增加。我国的双孢蘑菇被美国海关以质量和安全为理由，扣押、索赔、退货达 100 多批次。中国已成为美国技术性贸易壁垒限制最多的国家。

问题：在这样的国际贸易大背景下，作为外贸从业人员，我们可以汲取什么经验和教训？

任务二　认识进出口货物报关

按《中华人民共和国海关法》的规定，所有进出口运输工具、货物、物品都需要办理报关手续。那什么是报关？

任务描述

柯桥区，隶属浙江省绍兴市，地处长三角南翼，浙江省中北部，位于杭州 0.5 小时经济圈和上海 1.5 小时交通圈，拥有亚洲最大的布匹集散中心——中国轻纺城。地处柯桥的青达纺织印染有限公司是一家外贸公司，从事面料的生产经营，经省外经贸委批准可以经营进出口业务。2022 年 2 月 17 日与日本一家公司签订一份牛仔面料出口合同，准备通过船舶运载。刚入职柯桥青达纺织印染有限公司的小张，被安排负责这笔订单的报关工作，小张应该注意哪些事项？

任务准备

一、报关

（一）含义

报关是指进出口货物收发货人、进出境运输工具负责人、进出境物品的所有人或者他们的代理人向海关办理货物、物品或运输工具进出口手续及相关海关事务的过程。

简而言之，所有的进出境运输工具、进出境物品、进出口货物都需要办理报关手续，经过海关核实，确认信息及单据准确后，再通关放行。

(二)常见的几个概念

1. 进出境运输工具

进出境运输工具是指用以载运人员、货物、物品进出口的各种境内或境外船舶、车辆、航空器和驮畜等。报关的主要内容是,在进出境时向海关申报装卸时间、航次、货物数量,提交合法性证明文件等。

2. 进出境物品

进出境物品和进出口货物不同,进出境物品指的是合理、自用目的的行李物品和邮递物品,而进出口货物主要是为了贸易,量比较大,本任务侧重介绍进出口货物的报关。进出境物品走绿色通道,可不用申报;超过部分需走红色通道进行申报;邮递物品由寄件人填写报税单,由寄达地的邮政向海关申报。

3. 进出口货物

进出口货物包括一般进出口货物、保税货物、暂准进出口货物、特定减免税进出口货物以及过境、转运货物等。

一般进出口货物的报关内容包括申报、查验、征税、放行四个环节;保税货物的报关内容则包括申报、查验、征税、放行、结关,比一般进出口货物多了结关一项,即在放行后还需要办理核销结关手续。

4. 海关

海关是指依据本国(或地区)的法律、行政法规行使进出口监督管理职权的国家行政机关。各国政治、经济情况不尽相同,海关职责也有差异,但以下几项职责是绝大多数国家海关需要履行的:首先对进出口货物、旅客行李和邮递物品、进出境运输工具,实施监督管理,又称通关管理;其次征收关税和其他税费;最后查缉走私。

中华人民共和国海关总署(General Administration of Customs of the People's Republic of China),简称"海关总署",是中华人民共和国国务院直属机构,是我国在进出口贸易过程中执行税收权利的唯一机构,海关有权对进出口贸易商进行征税。

案例5-2

海外代购是随着国家对外贸易发展和网络购物的兴起而迅猛发展的新兴事物。离职空姐李某开始在淘宝网上经营化妆品,其货物最初来源于代购店。其后,李某在韩国三星公司工作的褚某的帮助下,采取随身携带货物入境的方式走私从韩国购买的化妆品,一年多共计偷逃海关进口环节税113万余元人民币。李某从韩国到达北京机场后被抓获,后以走私普通货物罪被依法提起公诉。最终李某以走私普通货物罪被判处有期徒刑3年,并处罚金4万元。

【案例分析】

依据海关现行规定,进境居民旅客携带在境外获取的个人自用物品,总值在5 000元人民币(含5 000元)以内的,海关予以免税放行,超出部分应按海关核定的价格和税率缴税。李某抱"谁抽到谁倒霉"的侥幸心理,不主动申报,触碰法律"红线",自然要为此承担后果。

二、一般进出口货物的报关程序

(一) 申报

申报是指进出口货物的申报企业或代理人准备好报关文件,向海关申报并发送报关数据的过程。

1. 报关时限

申报时要特别注意报关时限,报关时限是指货物运到口岸后,法律规定发货人或其代理人向海关报关的时间限制。若在法定的时限内没有向海关办理申报手续,将被征收滞报金。这样的规定是为了加快口岸疏运,提高效率。

进口货物:自运载该货物的运输工具申报进境之日起 14 天内向海关办理进口货物的通关申报手续,若超过 3 个月未申报由海关变卖处理。

出口货物:报关时限为装货的 24 小时以前。不需要征税、查验的货物,自接受申报起 1 日内办结通关手续。

2. 申报方式

申报方式分为纸质报关单申报和电子报关单申报。纸质报关需要报关员到海关报关大厅现场提交纸质报关单并随附单证。电子报关采用网上电子申报的形式,可实现全部或部分无纸化,报关员不需要携带大量的单据。

案例5-3

伴随着经济的发展和信息化技术的开展,报关无纸化已是我国海关总署办理报关的主流方式。报关无纸化是指进出口企业向海关办理进出口相关手续时,不再提交书面报关单及随附单证,而是通过中国电子口岸录入报关单及随附单证的电子数据进行相关进出口手续的办理。

我国在 1995 年以前是采用纸质报关,1995 年后海关实行报关单电子申报,但同时企业也需要准备纸质报关单证。2009 年海关总署选择了业务量较大的 15 个海关开展出口货物分类通关改革试点,通关作业方式由"纸面人工为主,逐票审核"向"电子自动为主,重点审核"转变。海关总署 2017 年第 8 号公告将报关作业无纸化企业范围扩大到所有信用等级企业。

【案例分析】

报关无纸化在我国的大力推进主要原因有:①企业减少纸张使用量,推动低碳环保并节约了成本;②企业可以直接凭海关放行信息提取或发运货物,节省了人力与时间成本;③压缩低风险货物的通关环节和贸易成本,提高通关效率。

(二) 配合查验

海关通过核对实际货物与报关单证来验证申报企业或代理人所申报的内容与查证的单、货是否一致,通过实际的查验发现审单环节所不能发现的瞒报、伪报和申报不实的问题。在此环节申报企业或代理人就要履行好以下义务。

(1)负责搬移货物,开拆和重封货物的包装。

(2)了解和熟悉所申报的货物情况,回答查验关员的询问,提供海关查验货物时所需要的单证或其他资料。

(3)协助海关提取需要进一步检验、化验或鉴定的货样,收取海关出具的取样清单。

(三)缴纳税费

根据《中华人民共和国海关法》的有关规定,进出口的货物除国家另有规定外,均应征收关税。关税由海关依照进出口税则征收。需要征收税费的货物,自接受申报1日内开出税单,并于缴核税单2小时内办结通关手续。

(四)提取(或装运)货物

一般出口货物,在发货人或其代理人如实向海关申报,并如数缴纳应缴税款后,海关在出口装货单上盖"海关放行章",出口货物的发货人凭以装船起运出境。

三、一般进出口货物的报关基本资料

(1)发票。发票是卖方开列的载有货物名称、数量、价格的清单,是买卖双方交接货物和结算货款的重要凭证,也是进口国确定征收关税的依据,以及买卖双方索赔理赔的依据。

(2)装箱单。装箱单是发票的补充单据,列明买卖双方约定有关包装事宜的细节,便于国外买方在货物到达目的港时供海关检查和核对货物。

(3)进出口货物报关单,简称报关单,是指进出口货物收发货人或其代理人,按照海关规定的格式对进出口货物的实际情况做出书面申明,以此要求海关对其货物按适用的海关制度办理通关手续的法律文书。

(4)贸易合同、原产地证书。

四、报关方式

进出口经营权与报关权是两个不同概念,前者由外经贸主管部门审批,后者由海关审批。有进出口经营权的企业可以向海关申报报关权,若符合条件,海关授予该企业报关权后,该企业才可以从事报关活动。拥有报关权的进出口货物的所有人(简称货主)可自己办理报关,也可委托专业的货代公司替其办理报关,若是委托货代公司办理则需要有代理报关委托书。因此,报关方式分以下两种:

(1)自理报关:指已获得报关权的进出口货物收发货人自行办理报关业务。

(2)代理报关:指货代公司接受进出口货物收发货人的委托,代理办理报关业务的行为。货代是国际货物运输代理的简称,具体的服务范围包括但不限于:对接船东订下合适舱位、制作船公司需要的单据、协助货主报关、安排货物上船、目的港清关派送等。

任务实施

第1步　确认青达纺织印染有限公司是否有报关权,在括号里填入对应的报关方式。

A. 有报关权(　　　　)　　　B. 无报关权(　　　　)

第2步　已确认青达纺织印染有限公司有报关权,小张本着对工作负责的态度,决定等所有货物装船确认无误后再向海关申报,是否妥当?(　　　　)

A. 妥当　　　　　　　　　　　　B. 不妥当

第3步　你认为小张向海关申报报关的时间应怎么安排？

___

第4步　小张认为签订的贸易合同内容是进出口牛仔面料,对载运牛仔面料的船舶则不用报关,是否妥当？（　　）

A. 妥当　　　　　　　　　　　　B. 不妥当

第5步　小张在报关时要向海关提交如下这些资料,请问哪一个是买卖双方索赔理赔的依据？（　　）

A. 合同　　　B. 报关单　　　C. 装箱单　　　D. 发票

第6步　报关时,小张作为报关员应该配合海关的查验工作,请列举配合的具体内容。

___

第7步　通过任务,正在学习的你可以汲取什么经验？

方面	回答
职业素养方面的经验	
职业技能方面的积累	

拓展提升

不同的国家在货物进出口上,会有不同的要求和规定,我们必须了解每个国家的进出口细节,才不会在关键时候出问题。以下是世界各国海关的某些特殊要求:沙特阿拉伯:沙特政府规定所有运输到沙特的货物不准经亚丁转船。

阿拉伯联合酋长国:迪拜和阿布扎比港卫生当局规定凡进口食品,必须注明失效期,并随船带有卫生健康说明书,否则港方不予卸货。

马尔代夫:未经国内事务部允许,不准进口各种毒品和硫酸、硝酸盐、危险动物等；未经对外事务部允许,不准进口酒精饮料、狗、猪或猪肉、雕像等。

加拿大:加拿大政府规定去该国东岸的货物,冬季交货最好在哈利法克斯和圣约翰斯,因为这两个港口不受冰冻影响。

澳大利亚:澳大利亚港务局规定木箱包装货物进口时,其木材需经熏蒸处理,并将熏蒸证寄收货人。

新西兰:新西兰港务局规定集装箱的木质结构及箱内的木质包装物和垫箱木料等必须经过检疫处理后方可入境。

一、单项选择题

1. 报关是指进出境运输工具的负责人、进出境物品的所有人、进出口货物的收发货人或其代理人向（　　）办理进出境手续的全过程。
   A. 边检　　　　　　　　　　B. 海关
   C. 进出境商品检验检疫局　　D. 外经部门

2. 按照法律规定,下列不列入报关范围的是（　　）。
   A. 进出境运输工具　B. 进出口货物　C. 进出境物品　D. 进出境旅客

3. （　　）是海关对进出境物品监管的基本原则,也是对进出境物品报关的基本要求。
   A. 合理在境内使用原则　　　B. 合法进出境原则
   C. 自用合理数量原则　　　　D. 不再转让原则

4. 由委托企业委托,以委托人的名义办理报关业务,这种报关方式叫（　　）。
   A. 代理报关　　B. 间接报关　　C. 自理报关　　D. 跨关区报关

二、多项选择题

1. 报关的申报方式分为（　　）。
   A. 纸质报关单申报　　　　B. 电子报关单申报
   C. 间接报关单申报　　　　D. 直接报关单申报

2. 下列不属于向海关报关时必须提交的基本资料的有（　　）。
   A. 进出口企业法人代表身份证　　B. 产地证明
   C. 营业执照　　　　　　　　　　D. 装箱单

三、素养提升

逢年过节,国民的餐桌上鸡肉成了必不可少的食物,为满足国民日益增长的需求,我国向世界各国进口冷冻鸡翅、鸡爪、鸡尖、鸡腿等冻肉。作为报关员的你,请结合本项目两项任务内容,谈谈通过国际贸易进口冻肉在中国境内销售,向海关报关时应该核实哪些事项,以及有哪些必经环节。

项目六　争议的预防与处理

【项目目标】

知识目标：
1. 认识争议产生的原因，能够区分出口方违约、进口方违约、合同规定欠明确。
2. 认识违约的法律责任，能够区分根本性违约与非根本性违约。
3. 识别索赔与理赔的含义，分析索赔案件原因。
4. 深入理解不可抗力的含义，掌握发生不可抗力的法律后果和处理原则。
5. 掌握仲裁协议的形式和作用，了解仲裁程序，熟练使用仲裁条款。

技能目标：
1. 能运用所学知识对索赔案件发生原因进行初步分析。
2. 能对国际贸易中常见的不可抗力事件提出解决办法。
3. 以小组合作的形式，网上查阅资料，开展国际商事仲裁模拟仲裁庭庭审演练。

情感目标：
1. 经历国际贸易争议的预防与处理的过程，养成诚实守信、遵纪守法的品质，培养主动获取知识的意识以及分析问题和解决问题的能力。
2. 通过浏览各大仲裁委员会官网，了解仲裁法律法规，做到学法、懂法、守法、用法，培养规矩意识，多渠道学习法律知识，增强法律意识。

任务一　争议与索赔

国际贸易涉及方方面面，情况复杂多变，在履约过程中，若在某个环节出了问题，就有可能影响合同的履行，导致一方当事人违约或毁约，给另一方当事人造成损害，从而引起争议。受损害的一方为了维护自身权益，向违约方提出赔偿要求，违约方要对受害方的索赔要求进行处理。

任务描述

我国 A 公司以 CFR 条件向美国客户出口一批五金工具。合同规定货到目的港后 30 天内检验，买方有权凭检验结果提出索赔。A 公司按期发货，美国客户也按期凭单支付了货款。半年后，A 公司收到了美国客户的索赔文件，称上述五金工具有 70% 已经生锈，并附有美国某商检机构出具的检验证书。

讨论：对于美国客户的索赔要求，A 公司应如何处理？

一、争议与违约

(一)争议

争议(Disputes),是指交易的一方认为对方未能部分或全部履行合同规定的责任与义务而引起的纠纷。争议极有可能引发索赔、仲裁和诉讼。产生争议的原因有很多,大致可以归纳为以下几种情况。

(1)出口方违约(Exporter's Breach of Contract),如:卖方不交货,或未按合同规定的时间、品质、数量、包装条款交货,或单证不符等。

(2)进口方违约(Importer's Breach of Contract),如:在按信用证支付方式成交的条件下买方不开或缓开信用证,不付款或不按时付款赎单,无理拒收货物,在FOB条件下不按时派船接货等。

(3)合同规定欠明确(Contract without Specific Clauses),如:合同条款规定不明确,买卖双方国家的法律或对国际贸易惯例的解释不一致,甚至对合同是否成立有不同看法;在履行合同过程中遇到了买卖双方不能预见或无法控制的情况,如某种不可抗力,双方解释不一致等。

由上述原因引起的争议,集中起来讲就是:是否构成违约,双方对违约的事实有分歧,对违约责任及其后果的认识相悖。

(二)违约

国际货物买卖合同是确定买、卖双方权利和义务的法律依据。买卖双方中的任何一方如不履行或不完全履行合同中规定的义务,就在法律上构成违约行为,并负有相应的法律责任。对于违约(Breach of Contract)的处理,各国的法律和《联合国国际货物销售合同公约》(简称《公约》)所规定的办法不尽相同,但概括起来主要有三种办法,即要求实际履约、损害赔偿和撤销合同。

案例6-1

英国《货物买卖法》将违约分为违反要件和违反担保两种。违反要件是指违反合同的主要条款,即违反与商品有关的品质、数量、交货期等要件,受损方有权解除合同,并有权提出损害赔偿;违反担保是指违反合同的次要条款,在违反担保的情况下,受损方只能提出损害赔偿,而不能解除合同。

《联合国国际货物销售合同公约》将违约分为根本性违约和非根本性违约。根本性违约是指违约方的故意行为造成的违约,如卖方完全不交货,买方无理拒收货物、拒付货款,以致实际上剥夺了受损方根据合同规定有权期待得到的东西,其结果给受损方造成实质损害。如果一方当事人根本性违约,另一方当事人可以宣告合同无效,并可要求损害赔偿。非根本性违约是指违约状况尚未达到根本违反合同的程度,受损方只能要求损害赔偿,而不能宣告合同无效。

【分析总结】

从违约性质看,违约产生的原因,一是当事人一方的故意行为导致违约而引起争议;二是当事人一方的疏忽、过失或业务生疏导致违约而引发争议。此外,对合同义务的重视不足,往往也是导致违约、发生纠纷的原因之一。

二、索赔与理赔

1. 索赔

索赔(Claim)是指受损的一方,根据合同或法律规定,向违约方提出赔偿要求的行为。索赔是处理违约的一种常见的补救措施。此外还可以采取退货、更换、修理、减价、延迟履行、代替履行、解除合同等方式。按一般规定,在采取其他违约补救措施时,不影响受损方提出索赔的权利。但受损方提出索赔时可否同时要求撤销合同,则要视违约的情况而定。

2. 理赔

理赔(Claim Settlement)是指违约的一方对索赔进行处理的行为。

3. 二者关系

索赔和理赔是一个问题的两个方面。对受损方而言,称为索赔;对违约方而言,称为理赔。

三、买卖合同中的索赔条款

在国际贸易中,索赔情况时有发生,因此为了便于处理这类问题,买卖双方在合同中,一般都应订立索赔条款。

(一)索赔对象

索赔对象分为三种情况:凡属于承保范围内的货物损失,向保险公司索赔;如系承运人的责任所造成的货物损失,向承运人索赔;如系合同当事人的违约责任造成的损失,则向违约方提出索赔。

(二)索赔依据

索赔依据是指索赔时应提供的证据及出证机构。索赔依据包括法律依据和事实依据。法律依据是指合同和法律规定,当事人在对违约事实提出索赔时,必须符合有关国家法律的规定。事实依据是指违约的事实、情节及其证据,是提出索赔要求的客观基础。

(三)索赔期限

索赔期限是指受损方向违约方提出索赔的有效时限。在规定的期限内,受损方有权向违约方提出索赔,过了规定的期限,受损方就无权向违约方提出索赔。因此,对索赔期限的规定很重要。索赔期限的确定有以下两种方法。

1. 约定索赔期限

约定索赔期限是指买卖双方在合同中明确规定索赔期限。索赔期限不宜规定得过长,也不宜规定得太短。规定索赔期限时,需对索赔期限的起算方法做出具体规定,通常有以下几种起算方法:①货物到达目的港后××天起算;②货物到达目的港卸离海轮后××天起算;③货物到达买方营业场所或用户所在地后××天起算;④货物经检验后××天起算。

2. 法定索赔期限

法定索赔期限是指合同适用的法律规定的索赔期限。法定索赔期限一般比较长。例如,《公约》规定的索赔期限为自买方实际收到货物之日起两年内。法定索赔期限只有在买卖合同中未规定索赔期限时才起作用。在法律上,约定索赔期限的长度可以超过法定索赔期限。

(四)索赔金额

关于索赔金额,如果买卖合同规定有约定的损害赔偿的金额或损害赔偿额的计算方法,通常应按约定的金额或根据约定的损害赔偿额的计算方法计算出的赔偿金额提出索赔。如果合同未做具体规定,根据有关的法律和国际贸易实践,确定损害赔偿金额的基本原则为:①赔偿金额应与因违约而遭受的包括利润在内的损失额相等;②赔偿金额应以违约方在订立合同时可预料到的合理损失为限;③由于受损害一方未采取合理措施使有可能减轻而未减轻的损失,应在赔偿金额中扣除。

(五)索赔条款的规定方式

国际货物买卖合同的索赔条款有两种规定方式:一种是异议和索赔条款,另一种是罚金条款。

异议与索赔条款(Discrepancy and Claim Clause):针对卖方交货品质、数量或包装不符合合同规定而订立。

罚金条款(Penalty Clause):适用于卖方延期交货或买方延期接运货物、拖延开立信用证、拖欠货款等情况。罚金条款亦称违约金条款或罚则,是指在合同中规定,如一方未履约或未完成履约,其应向对方支付一定数额的约定罚金,以弥补对方的损失。罚金,就其性质而言是违约金,一般适用于卖方拖延交货、买方拖延接货和延迟开立信用证等情况。罚金多少视延误时间长短而定,并规定有最高的罚款金额,违约方被罚后仍须履行合同。如不履行合同,除罚金外,违约方还要承担由于不履约而造成的各种损失。

任务实施

第1步 面对美国客户的索赔要求,A公司是否采取理赔措施?(　　)
A.采取理赔措施　　　　　B.不理赔

第2步 美国客户索赔理由是否合理?(　　)
A.合理　　　　　　　　　B.不合理

第3步 美国客户提供的索赔依据是否符合要求?(　　)
A.符合　　　　　　　　　B.不符合(　　)

第4步 结合任务准备的知识点,对上述问题进行具体分析。

_____

_____

第5步 通过任务,正在学习的你可以汲取什么经验?

层面	回答
职业素养方面的经验	
职业技能方面的积累	

拓展提升

某贸易商以FOB价向我国某厂订购一批货物,在买卖合同中注明若工厂未能于7月底之前交运,则工厂应赔付货款5%的违约金。后工厂交运延迟5天,以致贸易商被其买方索赔货款的3%。

问题:贸易商是否可向工厂索赔?索赔5%还是3%?

巩固提高

一、单项选择题

1. 向卖方提出索赔的最长时效,按《联合国国际货物销售合同公约》的规定,为买方收到货物之日起(　　)年内。

   A. 1　　　　　　　B. 2　　　　　　　C. 3　　　　　　　D. 4

2. 按《公约》的解释,如违约的情况未达到根本性违反合同的程度,则受损害的一方(　　)。

   A. 不但有权向违约方提出损害赔偿,而且可宣告合同无效

   B. 只能向违约方提出损害赔偿的要求,不可宣告合同无效

   C. 只可宣告合同无效,不能要求损害赔偿

   D. 可根据违约情况选择以上答案

3. 合同和法律规定,是索赔时的(　　)。

   A. 事实依据　　　　B. 法律依据　　　　C. 违约证据　　　　D. 违约事实

4. 交易一方认为对方未能全部或部分履行合同规定责任与义务而引起的纠纷是(　　)。

   A. 争议　　　　　　B. 违约　　　　　　C. 索赔　　　　　　D. 理赔

5. 双方当事人在合同中明确规定"货物运抵目的港后30天内索赔"。这种索赔期限是(　　)。

   A. 法定索赔期限　　　　　　　　　　　B. 约定索赔期限

   C. 固定索赔期限　　　　　　　　　　　D. 变动索赔期限

6. 在合同中对卖方较为有利的索赔期限可规定为(　　)。

   A. 货物运抵目的港(地)后××天内

   B. 货物运抵目的港(地)卸离海轮后××天内

   C. 货物运抵最终目的地后××天内

   D. 货物装上船后××天内

二、多项选择题

1. 在一般的贸易合同中,索赔条款一般包括的内容有(　　)。

   A. 索赔的法律依据和事实依据　　　　　B. 罚金条款

   C. 索赔期限　　　　　　　　　　　　　D. 买卖双方违约的情况

2. 下列关于索赔与理赔的说法,正确的是(　　)。

   A. 遭受损害的一方向违约方要求赔偿,这是理赔

   B. 逾期索赔是无效的

   C. 受害人在向违约方索赔时,必须符合合同和有关国家法律的规定

   D. 如果买方在规定的索赔期内做不出最终结论,可以在原定索赔期限内通知卖方,要求延展该期限

三、判断题

1. 我方出口合同中规定买方复验商品质量、数量(重量)的期限,就是买方可以向我方提出索赔的期限,超过约定期限的索赔,在法律上无效。(   )
2. 在国际贸易中投保人向保险公司投保一切险后,在运输途中由任何外来原因造成的一切货损均可向保险公司索赔。(   )
3. 运输途中部分纸箱受潮,纸箱装的服装出现了水渍,由于该批货物投保了水渍险,所以货主可向保险公司索赔。(   )
4. 索赔和理赔是两种不同的事情。(   )
5. 遭受损害的一方向违约方要求赔偿,这是理赔。(   )

四、翻译练习

Hello, Andy

Hope this E-mail finds you well.

Could you pls provide us with the pictures or videos or any Third Party Inspection Reports of the items with problems?

On that condition, we'll be able to check with our Quality Control & Production Departments, so we can get this problem clearly and provide you with possible practical solutions.

Wait for your positive feedback soon.

Warm Regards,

Michael

五、素养提升

A 公司从国外 B 公司进口机器一台,合同规定索赔期限为货物到达目的港后 30 天。货到目的港卸船后,因 A 公司厂房尚未建好,机器无法安装试车。半年后厂房完工,机器安装完毕并进行试车,此时 A 公司发现机器不能正常运转。经过商检机构的检验证明该机器是旧货,于是 A 公司向 B 公司提出索赔,但 B 公司拒绝赔偿,A 公司因此遭受了巨大的经济损失。

问题:我们应从中吸取什么教训?

任务二　不可抗力

在国际贸易中遇到合同履行障碍是时有发生的事情,如果当事人遇到的障碍可以认定为不可抗力,则可以免责。因此,不可抗力的认定对当事人是至关重要的问题。不可抗力的认定需要当事人保持商业上的诚实信用原则,并需要积极争取第三方证据。

任务描述

2021 年我国某公司出口小麦 100 公吨给英国某公司,货价为 400 英镑每公吨 CFR London,总货款为 40 000 英镑;交货期为当年 5—9 月。订立合同后,我方公司购货地河南 7 月发生自然灾害(水灾)。于是,我方以发生不可抗力为由,要求豁免合同责任,但对方回电拒绝。

问题:我方要求以不可抗力免除交货的理由是否充分?

任务准备

一、不可抗力的定义

不可抗力(Force Majeure),又称人力不可抗拒,是指交易合同签订后,不是由于合同当事人的过失或疏忽,而是由于发生了合同当事人无法预见、无法预防、无法避免和无法控制的事件,以致不能履行或不能如期履行合同,发生意外事件的一方可以免除履行合同的责任或者推迟履行合同。因此,不可抗力属于免责条款。

> **案例6-2**
>
> 不可抗力是国际贸易中常用的一个业务术语,也是许多国家的一项法律规则。但是,对其内容和范围并无统一的解释。从国际贸易实践和某些国家判例来看,一般都是作严格解释的。
>
> 《联合国国际货物销售合同公约》规定,当事人不能履行义务,是由于发生了不能控制的障碍,而且这种障碍在订约时是无法预见、避免或克服的,则可以免责。
>
> 《中华人民共和国民法典》第一百八十条:因不可抗力不能履行民事义务的,不承担民事责任。法律另有规定的,依照其规定。不可抗力是不能预见、不能避免且不能克服的客观情况。
>
> 《中华人民共和国民法典》第五百三十三条:合同成立后,合同的基础条件发生了当事人在订立合同时无法预见的、不属于商业风险的重大变化,继续履行合同对于当事人一方明显不公平的,受不利影响的当事人可以与对方重新协商;在合理期限内协商不成的,当事人可以请求人民法院或者仲裁机构变更或者解除合同。人民法院或者仲裁机构应当结合案件的实际情况,根据公平原则变更或者解除合同。
>
> 《中华人民共和国民法典》第五百九十条:当事人一方因不可抗力不能履行合同的,根据不可抗力的影响,部分或者全部免除责任,但是法律另有规定的除外。因不可抗力不能履行合同的,应当及时通知对方,以减轻可能给对方造成的损失,并应当在合理期限内提供证明。当事人迟延履行后发生不可抗力的,不免除其违约责任。
>
> 《最高人民法院关于适用〈中华人民共和国合同法〉若干问题的解释(二)》第二十六条:合同成立以后客观情况发生了当事人在订立合同时无法预见的、非不可抗力造成的不属于商业风险的重大变化,继续履行合同对于一方当事人明显不公平或者不能实现合同目的,当事人请求人民法院变更或者解除合同的,人民法院应当根据公平原则,并结合案件的实际情况确定是否变更或者解除。

二、不可抗力事件的形成

构成不可抗力的意外事故应具备的条件(Constituting Conditions of Force Majeure):

(1)不可抗力事件发生在合同订立之后。

(2)该事件不是由于当事人的过错或疏忽造成的。

(3)事件超出当事人的控制范围。即事件的发生及后果是当事人无法预见、无法控制、无法避免和不可克服的。主要包括两种情况:一种是由于洪水、干旱、台风、地震、火灾、冰灾、雪灾和雷电等自然因素造成的;另一种是社会力量事件(政府行为事件和社会异常事件)。政府行为事件是指合同成立后,政府当局发布了新的法律、法规和行政禁令等,导致合同无法履行。社会异常事件是指战争、罢工、暴动、骚乱等事件,给合同履行造成障碍。

并非所有自然原因和社会原因引起的事件都属于不可抗力事件,如汇率变化、价格波动等正常贸易风险,或如怠工、工厂关闭、船期变更等都不属于此范围。

三、不可抗力的法律后果

不可抗力事件发生后所引起的法律后果,主要有三种:一是解除合同;二是解除部分合同;三是延迟履行合同。

至于什么情况下可以解除合同,什么情况下可以解除部分合同,什么情况下不能解除合同只能延迟履行合同,应视不可抗力事件对履行合同的影响程度而定,也可以由双方当事人通过协商在买卖合同中加以规定。一般可遵循的原则是:如果不可抗力事件的发生使合同履行成为不可能,则可解除合同;如果不可抗力事件只是暂时阻碍了合同的履行,则只能延期履行合同;如果不可抗力事件阻碍了合同的履行,但部分合同已经开始履行,则只能解除部分合同。

不管是解除合同还是解除部分合同抑或是延迟履行合同,发生不可抗力事件的一方无须向对方承担损害赔偿的责任。但需注意《公约》对免责有效期间的规定,不可抗力事件的免责"对障碍存在的期间有效"。若合同未经双方同意宣告无效,则合同关系继续存在,一旦履行障碍消除,双方仍需继续履行合同义务。

四、不可抗力事件的处理

我国《民法典》规定,当事人一方因不可抗力不能履行合同的,应当及时通知对方,以减少可能给对方造成的损失,并应当在合理期限内提供证明。即不可抗力事件发生后,不能履约的一方必须及时通知另一方,并提供必要的证明文件,并在通知中提出处理意见,否则不予免责并自负后果。例如,合同中可规定"一方遭受不可抗力事件之后,应以电信方式,并应在15天内以国际快递方式提供事故的详细情况及其对合同履行影响程度的证明文件"条款。

在境外,出具证明的机构通常是事故发生地的商会、公证机构或政府主管部门。在我国则由中国国际贸易促进委员会出具证明文件。

五、合同中不可抗力条款的表述

(一)不可抗力事件规定办法

关于不可抗力事件的范围,应在买卖合同中订明。通常有下列三种规定办法:
(1)概括式规定(Brief stipulation),即对不可抗力事件做笼统的提示。
(2)列举式规定(Concrete stipulation),即逐一订明不可抗力事件的种类。
(3)综合式规定(Synthesized stipulation),即将概括式和列举式合并在一起。综合式是最为常用的一种方式。

(二)不可抗力条款

不可抗力条款(Force Majeure Clause)属于免责条款,为了避免当事人之间产生纠纷,防止一方当事人任意扩大或缩小对不可抗力事件范围的解释,或在不可抗力事件发生后在履约方面提出不合理要求,买卖双方应在合同中对不可抗力条款做出尽可能明确、具体的规定。

不可抗力条款的中英文示例如下:

因战争、地震、火灾、洪水、暴风雪或其他不可抗力原因导致合同货物全部或部分无法装运或延迟装运,卖方不承担本合同货物未装运或延迟装运的责任。但卖方应以电传方式通知买方,并在 15 日内通过国际快递服务提供信函,并附上中国国际贸易促进委员会出具的该事件的证明。

If the shipment of contracted goods is prevented or delayed in whole or in part by reason of war, earthquake, fire, flood, heavy snowstorm or other causes of force majeure, the seller shall not be liable for nonshipment or late shipment of the goods of this contract. However the seller shall notify the buyers by teletransmission and furnish the letter within 15 days by international courier service with a certificate issued by the China Council for the Promotion of International Trade attesting such event or events.

任务实施

第 1 步　判断河南水灾是否属于不可抗力事件?(　　)

A. 是　　　　　　　　B. 不是

第 2 步　此时我方公司是否有措施补救?(　　)

A. 有　　　　　　　　B. 无

第 3 步　我方要求以不可抗力免除交货的理由是否充分?为什么?

_____

_____

第 4 步　我方在以不可抗力为由要求豁免合同责任被拒后,应该采取哪一个措施进行补救?(　　)

A. 解除合同　　　　　B. 解除部分合同　　　　　C. 延迟履行合同

第 5 步　通过任务,正在学习的你可以汲取什么经验?

层面	回答
职业素养方面的经验	
职业技能方面的积累	

拓展提升

由于新冠疫情的影响,液化天然气的进出口业务由于运输条件限制受到了阻滞,中国海洋石油总公司(CNOOC)已暂停与至少三家供应商的合同。此次疫情来势汹汹,假期被延长,复工时间也被推迟了。由于工人不足,中国海洋石油总公司的一些 LNG 接收站(LNG,液化天然气)无法正常运转,进口能力大大降低,导致原材料市场也陷入了混乱。国内停工导致需求大减。多种因素导致中海油不能按时履行天然气合同,中海油减少了液化天然气进口需求,希望境外合作企业能够接受因不可抗力减少液化天然气进口,但这一请求遭到了欧洲最大的两家能源公司——荷兰皇家壳牌有限公司(Royal Dutch Shell PLC)和道达尔公司(Total SA)的拒绝。

法国道达尔相关部门主管Philippe Sauquet就不认同此次交易受阻是由于真正的不可抗力,他认为如果中国所有的装货港和卸货港都实行隔离才是真正的不可抗力。当公司由于无法控制的情况而不能履行合同义务时,公司就会援引不可抗力。道达尔考虑的原因有两点。第一,LNG市场放缓,卖家担忧客户利用不可抗力条款回避长约义务。中国是全球第二大LNG进口国,中海油是中国最大的LNG进口商,占中国LNG总接收能力的一半左右。中海油的不可抗力声明进一步冲击了LNG市场。由于美国供应增加以及欧洲和亚洲冬季气候温和导致需求疲弱,LNG市场本就受到重击。甚至在中国买家放弃供应合同之前,现货价格就已经跌至历史低点,损害了壳牌和埃克森美孚等能源巨头的盈利能力。第二,各国"不可抗力"概念也存在差异,因为在一些国家不可抗力的法律效果是直接法定的。而判定一份合同是否适用不可抗力,是就合同双方具体约定的条款辅之法律才可进行判断定义的。所以壳牌和道达尔拒绝了中海油提出的,由于疫情减少液化天然气进口,并以"不可抗力"不承担违约责任的声明。

由此衍生出了一个问题:在新冠疫情情况下,中国企业提出暂缓合同甚至解除合同的主张,是否能被接受呢?我国外贸企业应该采取什么样的措施预防因新冠肺炎疫情这一不可抗力因素造成的国际贸易争议的发生?

巩固提高

一、单项选择题

1.当卖方遭遇不可抗力事件时,按照法律和惯例(　　)。

A.直接要求免除交货责任

B.只能延展交货日期

C.可以减少交货的数量

D.有时可以免除交货责任,有时可以延展交货日期,视情况而定

2.下列因素中,(　　)不是不可抗力因素。

A.政府禁令　　　　B.战争因素　　　　C.市价跌落　　　　D.发生地震

3.我方从西欧A客商处进口当地通常可以买到的某化工产品,在约定的交货期前,A客商所属生产上述产品的工厂之一因爆炸被毁,完全丧失生产能力,西欧A客商(　　)。

A.因遇不可抗力事故,可要求解除合同

B.因遇不可抗力事故,可要求延期履行合同

C.因遇不可抗力事故,可要求延期履行合同,但我方有索赔的权利

D.不属于不可抗力事故,我方应要求西欧A客商按期履行合同

4.签订合同后,如发生(　　),违约方可以援引不可抗力条款要求免责。

A.战争　　　　　　　　　　　　B.世界市场价格上涨

C.货币贬值　　　　　　　　　　D.生产过程中的过失

5.不可抗力免除了遭受意外事故的一方当事人(　　)。

A.履行合同的责任　　　　　　　B.对损害赔偿的责任

C. 交付货物的责任　　　　　　　　D. 支付货款的责任

二、多项选择题

1. 构成不可抗力的基本条件为（　　）。
A. 意外事故必须发生在合同签订之后
B. 意外事故不是由合同双方当事人自身的过失或疏忽而导致的
C. 意外事故是双方当事人所不能控制的、无能为力的
D. 意外事故是当事人能预见的

2. 下列因素中，（　　）是不可抗力因素。
A. 政府颁布进口禁令
B. 发生地震
C. 工人罢工引起货物无法按时装卸
D. 工厂关闭导致卖方无法按时交货

三、判断题

1. 某公司与外商签订一份进口货物合同后，因国际市场中该商品价格猛涨，外商按国际惯例援引不可抗力条款，要求解除合同责任，该公司应同意接受。（　　）
2. 各国对不可抗力的解释是一致的。（　　）
3. 不可抗力是买卖合同中的一项免责条款。（　　）
4. 在不可抗力范围问题上，易产生分歧的是自然力量事故。（　　）
5. 如果采用概括式规定说明不可抗力事故范围，易因双方当事人意见不一致而影响合同效力。（　　）

四、翻译练习

Force Majeure. If the performance of this Agreement or any obligations hereunder is prevented, restricted or interfered with by reason of earthquake, fire, flood or other casualty or due to strikes, riot, storms, explosions, acts of God, war, terrorism, or a similar occurrence or condition beyond the reasonable control of the Parties, the Party so affected shall, upon giving prompt notice to the other Parties, be excused from such performance during such prevention, restriction or interference, and any failure or delay resulting therefrom shall not be considered a breach of this Agreement.

五、素养提升

1. 某出口商以 CIF 条件出口货物一批，合同规定装运期为 10/11 月（shipment during Oct./Nov.）。10 月 20 日，出口国政府公布一项条例，规定从 11 月 1 日起，除非有特别许可证，否则禁止该类货物出口。受政策影响卖方未能装运货物，于是买方请求赔偿损失。
问题：在此案中，卖方是否可以免除其交货义务？为什么？

2. 我国某企业与某外商按国际市场通用规格订约进口某化工原料。订约后不久，市价明显上涨。交货期限届满前，外商生产该化工原料的工厂失火被毁，外商遂以工厂火灾属不可抗力事件为由要求解除其交货义务。对此，我方企业应如何处理？为什么？

3. 我方进口商向巴西木材出口商订购一批木材，合同规定：" 如受到政府干预，合同应当延长，以至取消"。签约后适逢巴西热带雨林破坏加速，巴西政府对木材出口进行限制，致使巴西出口商在合同规定期内难以履行合同，并以不可抗力为由要求我方延迟合同执行或者解除合

同,我方不同意对方要求,并提出索赔。请分析我方的索赔要求是否合理。

任务三 仲裁

国际贸易中往往会遇到一些贸易纠纷,在发生纠纷而又协商不成时,与调解、诉讼相比较,仲裁是可以首先选择的一种有约束力的纠纷解决方式。但需要注意合同中关于仲裁的相关规定,熟悉仲裁的基本程序,了解不同国家的法律法规的规定。

任务描述

出口商甲与进口商乙订立买卖合同并提供样品,由乙开出以甲为抬头的信用证,又由甲与制造商丙订立与买卖契约内容完全相同的合同,厂商丙于订货后自行包装交货,而甲因与乙、丙的合同内注明"以制造厂检验为最后标准",同时甲与丙的合同内也订明如规格品质不符时,由丙负责调换或赔偿,因此没有另外送样检验及验货。现货物到达国外,进口商发现品质规格皆不符合要求而提出索赔。在此情况下应如何处理?

任务准备

一、仲裁的含义及优点

(一)仲裁的含义

仲裁(Arbitration)是指双方当事人通过协议,自愿将有关争议交给双方同意的仲裁机构进行裁决,裁决的结果对双方都有约束力。

(二)仲裁的优点

与其他争议解决方式相比,仲裁具有以下优点:

1. 当事人意思自治

在仲裁中,当事人享有选定仲裁员、仲裁地、仲裁语言以及适用法律的自由。当事人还可以就开庭审理、证据的提交和意见的陈述等事项达成协议,设计符合自己特殊需要的仲裁程序。在当事人没有协议的情况下,则由仲裁庭决定。因此,与法院严格的诉讼程序和时间表相比,仲裁程序更为灵活。

2. 一裁终局

商事合同当事人解决其争议的方式多种多样,但是,只有诉讼判决和仲裁裁决才对当事人具有约束力并可强制执行。仲裁程序简单,费用低,通过仲裁可快速处理问题。仲裁裁决不同于法院判决,仲裁裁决不能上诉,一经作出即为终局,对当事人具有约束力。仲裁裁决虽然可能在裁决作出地被法院裁定撤销或在执行地被法院裁定不予承认和执行,但是,法院裁定撤销或不予承认和执行的理由是非常有限的,在涉外仲裁中通常仅限于程序问题。

3. 仲裁具有保密性

仲裁案件不公开审理,从而有效地保护当事人的商业秘密和商业信誉。裁决可以在国际上得到承认和执行。截至2022年5月,《承认及执行外国仲裁裁决公约》(《1958年纽约公约》)现有缔约的国家有170个,根据该公约,仲裁裁决可以在这些缔约国得到承认和执行。此外,仲裁裁决还可根据其他一些有关仲裁的国际公约和条约得到执行。《1958年纽约公约》于1987年对中国生效,中国在加入《1958年纽约公约》时作出了商事保留声明和互惠保留声明。

二、仲裁协议的形式与作用

(一) 仲裁协议的定义

仲裁协议(Arbitration Agreement)是双方当事人自愿将争议交付授权于正式的、具有一定仲裁效率的机构解决争议的书面表示,是申请仲裁的必备材料。作为双方当事人的协议,必须是建立在自愿、协商、平等互利的基础之上,不允许一方强加于另一方。仲裁协议对于整个仲裁来说,都具有十分重要的意义,构成了仲裁的整体基础。其次,仲裁的效力一方面来源于当事人对于第三方法律机构的信任,另一方面也来自法律的认可。当事人之间通过对法律机构的信任,同时又相对自由地处理其自身权利。

(二) 仲裁协议的形式

仲裁协议有以下三种形式。

(1) 合同中的仲裁条款(Arbitration Clause)。该类协议是指争议发生之前订立的,买卖双方同意将可能发生的争议提交仲裁裁决的协议。这种协议一般作为合同条款包含在买卖合同中。

(2) 提交仲裁的协议(Submission Arbitration Agreement)。该类协议是指争议发生之前或发生之后订立的,买卖双方同意将已经发生的争议提交仲裁裁决的协议。这种协议既可以采用协议书的形式,也可以采用双方的往来函电、传真和电子邮件等能够有形表现所载内容的形式。

(3) 援引式仲裁协议(Reference Arbitration Agreement)。该类协议是指争议发生之前或之后,通过援引方式达成的仲裁协议,即当事人不直接拟订协议的具体内容,而只是同意将有关争议按照某公约、双边条约、多边条约或标准合同中的仲裁条款所述内容进行仲裁。

虽然上述三种不同形式的仲裁协议在法律上具有相同的效力,但是在实际业务中,如果买卖双方在争议发生前没有在合同中订立仲裁条款或没有以援引的方式签订仲裁协议,那么,一旦发生争议,双方处于对立的地位,往往很难达成仲裁协议,一方当事人很可能向法院起诉。因此,如果当事人不愿意将日后可能发生的争议通过司法诉讼予以解决,而是希望交付仲裁,就应该在买卖合同中加列仲裁条款,以免争议真的发生后,双方因不能达成提交仲裁的协议而不得不诉诸法院。

(三) 仲裁协议的作用

仲裁协议的作用体现在以下三个方面。

(1) 约束双方解决争议的行为。当事人不能随意改变仲裁协议中规定的仲裁机构或地点。同时,仲裁协议也是提交仲裁的依据,没有仲裁协议不能提交仲裁。

(2) 授予仲裁机构对仲裁案件的管辖权。超出仲裁协议约定范围的,仲裁机构不能审理。

(3) 排除法院对有关争议案件的管辖权。凡有仲裁协议的,双方只能以仲裁方式解决,不得向法院起诉。

上述作用中最关键的是第三条,即排除法院对有关争议案件的管辖权。如果一方违反仲裁协议,自行向法院提起诉讼,另一方可根据协议要求法院停止司法诉讼程序,把争议案件发仲裁机构处理。如一方当事人对仲裁裁决不服,向法院起诉或上诉,法院一般也不受理。

三、合同中的仲裁条款

国际买卖合同中的仲裁条款通常包括仲裁范围、仲裁地点、仲裁机构、仲裁程序与规则、仲裁效力、仲裁费用等内容。

(一)仲裁范围

仲裁范围是指当事人提交仲裁解决的争议范围,也是仲裁庭依法管辖的范围。当日后争议超出规定的仲裁范围时,仲裁庭无权受理。所以,在仲裁协议中一般都规定将有关合同的一切争议事项都提交仲裁。

(二)仲裁地点

仲裁地点是指仲裁所选择的地点,一般是指仲裁的所在国。交易双方一般都愿意在本国仲裁,这是因为以下两点:一是当事人对本国仲裁机构和有关程序规则比较了解,且没有语言障碍,还可以节省费用;二是仲裁地点与仲裁所适用的程序法,甚至与买卖合同所适用的实体法都有着密切的关系。根据许多国家法律的解释,凡属于程序方面的问题,一般都适用审判地法律,即在哪个国家仲裁,如果没有相反的规定,就适用哪个国家的仲裁法规。至于确定双方当事人权利与义务的实体法,如果合同中未作其他的规定,一般由仲裁员根据仲裁地点所在国的法律冲突规则予以确定。由此可见,选择不同的仲裁地点,仲裁所适用的法规就有可能不同,对买卖双方权利与义务的解释也就有所差异。

在我国订立进出口合同的仲裁条款时,关于仲裁地点的规定,应首先力争在我国仲裁,如争取不到在我国仲裁,可以选择在对方所在国仲裁或规定在双方同意的第三国仲裁。

(三)仲裁机构

仲裁机构是指受理案件并作出裁决的机构。一种是临时仲裁机构,另一种是常设仲裁机构。

临时仲裁机构,是指由争议双方共同指定的仲裁员自行组成的临时仲裁庭。它是为审理某一具体案件而组成的,案件审理完毕,仲裁庭自动解散。

常设仲裁机构,是指根据一国的法律或者有关规定设立的,有固定名称、地址、仲裁员设置和具备仲裁规则的仲裁机构。世界上很多国家都设有从事国际商事仲裁的常设机构,如斯德哥尔摩商会仲裁院(Arbitration Institute of Stockholm Chamber of Commerce)、美国仲裁协会(American Arbitration Association)等。中国国际经济贸易仲裁委员会(China International Economic and Trade Arbitration Commission)是我国的常设涉外经济贸易仲裁机构,仲裁委员会设在北京,在深圳、上海、天津、重庆、浙江、湖北、福建等多地设置分会,在香港、海南等多地设置中心。

明确了仲裁地点,买卖双方还应在合同中对仲裁机构加以确定。选用哪种仲裁机构,取决于双方当事人的共同意愿。选用常设仲裁机构时,应考虑其信誉、仲裁规则的内容、费用、所用语言等因素。如果仲裁地点无常设仲裁机构,或者双方为解决特定争议而愿意指定仲裁员审理争议案件时,当事人可选用临时仲裁机构予以仲裁。

(四)仲裁程序与规则

仲裁程序与规则是指进行仲裁的程序和具体做法,包括如何提交仲裁申请、如何进行答辩、如何指定仲裁员、如何组成仲裁庭、如何进行仲裁审理、如何作出裁决及如何交纳仲裁费等。这为当事人和仲裁员提供了一套仲裁时的行为准则,以便在仲裁时有所遵循。

一般情况下,在哪个仲裁机构仲裁,就应遵守哪个机构的仲裁规则。但也有不少国家允许选用仲裁地点以外的仲裁规则,但以不违反仲裁地国家仲裁法的规定为前提。至于临时仲裁机构适用的仲裁规则,则由当事人自行约定。

(五)仲裁效力

仲裁效力是指仲裁机构所作的裁决对双方当事人是否有约束力、是不是终局性的及能否向法院上诉要求变更裁决等。

多数国家都规定,仲裁裁决具有终局效力,对双方均有约束力,任何一方都不得向法院起诉要求变更。只有在发现仲裁员未按仲裁规则审理案件时,法院才可撤销裁决。仲裁裁决作出后,如果败诉方拒不履行仲裁裁决,而仲裁机构又不具有强制执行的权力,胜诉方可以向法院提出申请,要求强制执行。

(六)仲裁费用

仲裁费用一般由败诉方承担,但也可由仲裁庭酌情决定。合同中的仲裁条款,可表达如下:

凡因执行本合同所发生的或与本合同有关的一切争议,双方应通过友好协商解决。如通过协商无法达成解决方案,应提交××国××地××仲裁机构,并根据其仲裁程序规则进行仲裁。仲裁裁决是终局性的,对双方都具有约束力。仲裁费用由败诉方承担。

All disputes arising out of performance, or relating to this contract, shall be settled amicably through friendly negotiation. In case no settlement can be reached through negotiation, the case shall then be submitted to... for arbitration, in accordance with its rules of arbitration. The arbitral award is final and binding upon both parties. The charges arising from the arbitration shall be undertaken by the losing party.

四、仲裁程序

仲裁程序是指双方当事人将发生的争议根据仲裁协议规定提交仲裁时应办理的各项手续。按照中国国际经济贸易仲裁委员会的仲裁规则的规定,仲裁程序包括:仲裁申请、答辩和反诉及仲裁庭的组成、审理、裁决。

(一)仲裁申请、答辩和反诉

1. 仲裁申请

申诉人必须向仲裁机构提交仲裁申请书,仲裁申请书应当写明申诉人和被申诉人的名称、地址;申诉人所依据的仲裁协议;申诉人的要求及所依据的事实;仲裁申请书应当由申诉人或申诉人授权的代理人签名。申诉人向仲裁委员会提交仲裁申请书时,还应当附具申诉人要求所依据的事实的证明文件。

2. 答辩和反诉

被诉人对仲裁委员会已经受理的案件,在收到申诉人的申请书后应根据申请书提出的问题一一进行答辩,并附上有关证据材料。

(二)仲裁庭的组成、审理、裁决

1. 仲裁庭的组成

争议案件提交仲裁后,是由争议的双方所指定的仲裁员进行审理并作出裁决的。

2. 仲裁审理

仲裁庭审理争议案件程序很多,其中包括开庭审理、调解、搜集证据和调查证人、采取保全措施,以及作出裁决等步骤。

3. 仲裁裁决的执行

仲裁裁决一经做出,就具有法律效力,但仲裁员或仲裁机构无强制执行的权力,如败诉方拒绝执行,胜诉方可向法院申请强制执行。

任务实施

第1步　甲是否应负完全赔偿责任?或可将责任推给厂商丙?

_____

_____

第2步　甲与乙曾多次与丙交涉,丙均未同意赔款,丙声称信用证并非直接开给丙。在此情况下,乙能否直接控告丙?或必须先告甲再由甲告丙?

_____

_____

第3步　如由国际仲裁协会仲裁,则赔款项应由何方负担?

_____

_____

第4步　以小组合作的形式,网上查阅资料,开展国际商事仲裁模拟仲裁庭庭审演练。

第5步　通过浏览各大仲裁委员会官网,如上海国际经济贸易仲裁委员会(上海国际仲裁中心)http://www.shiac.org/SHIAC/arbitrate_rules.aspx、北京国际仲裁中心(北京仲裁委员会)http://www.bjac.org.cn/、中国国际经济贸易仲裁委员会 http://www.cietac.org/、最高人民法院国际商事法庭 http://cicc.court.gov.cn/,了解仲裁法律法规,做到学法、懂法、守法、用法,培养规矩意识,多渠道学习法律知识,增强法律意识。

第6步　通过任务,正在学习的你可以汲取什么经验?

层面	回答
职业素养方面的经验	
职业技能方面的积累	

拓展提升

我国某出口企业按 FCA Shanghai Airport 条件向印度 A 进口商出口手表一批,货价 5 万美元,规定交货期为 8 月份,自上海空运至孟买。支付条件:买方凭由孟买×银行转交的航空公司空运到货通知即期全额电汇付款。我方出口企业于 8 月 31 日将该批手表运到上海虹桥机场交由航空公司收货并出具航空运单。我方随即向印商用电传发出装运通知。航空公司于 9 月 2 日将该批手表运到孟买,并将到货通知连同有关发票和航运单送孟买×银行。该银行立即通知印商前来收取上述到货通知等单据并电汇付款。此时,国际市场手表价格下跌,印商以我方交货延期为由,拒绝付款、提货。我方出口企业则坚持对方必须立即付款、提货。双方争执不下,遂提起仲裁。

问题:假如你是仲裁员,你认为谁是谁非?应如何处理?说明理由。

巩固提高

一、单项选择题

1. 仲裁协议是仲裁机构受理争议案件的必要依据,(   )。

   A. 仲裁协议必须在争议发生之前达成

   B. 仲裁协议只能在争议发生之后达成

   C. 仲裁协议可以在争议发生之前达成,也可在争议发生之后达成

   D. 以上说法都不对

2. 在与外商签订买卖合同时,有关仲裁条款中的仲裁地点,在其他交易条件不变的情况下,其中对我方最有利的规定是(   )。

   A. 在双方同意的第三国仲裁　　　B. 在被告国仲裁

   C. 在我国仲裁　　　　　　　　　D. 在对方国家仲裁

3. 仲裁费用一般规定由(   )。

   A. 胜诉方负担　　　　　　　　　B. 败诉方负担

   C. 双方各负担一半　　　　　　　D. 双方另行协商

4. 仲裁裁决的效力是(   )。

   A. 终局的,对争议双方具有约束力

   B. 非终局的,对争议双方不具有约束力

   C. 有时是终局的,有时是非终局的

   D. 一般还需法院最后判定

5. 多数国家都认定仲裁裁决是(   )。

   A. 终局性的　　　　　　　　　　B. 可更改的

   C. 无约束力的　　　　　　　　　D. 不确定的

二、多项选择题

1. 仲裁与诉讼的区别有(   )。

   A. 仲裁以争议双方当事人自愿为基础,而诉讼具有强制性

   B. 仲裁的手续较为简单,而诉讼的手续比较复杂

C. 仲裁对双方的关系影响较小,而诉讼较伤和气

D. 仲裁的费用较高,而诉讼的费用较低

2. 仲裁协议的作用有(　　)。

A. 约束双方解决争议的方式

B. 排除法院对该案件的管辖权

C. 授予仲裁机构对该案件的管辖权

D. 仲裁解决不了的,还可提请上诉

3. 下列说法中对仲裁描述正确的是(　　)。

A. 双方当事人要把争议交由仲裁庭解决的话,必须在合同中签订仲裁条款或提交仲裁协议

B. 仲裁裁决是终局性的,当事人不能向法院上诉

C. 仲裁机构对争议具有强制管辖权

D. 仲裁庭必须公开审理案件,并公开裁决结果,以便双方当事人执行

4. 国际贸易中解决争议的方式有多种,其中建立在有第三方参与并自愿基础上的有(　　)。

A. 协商　　　　　B. 调解　　　　　C. 仲裁　　　　　D. 诉讼

三、判断题

1. 仲裁裁决一经作出即具有法律效力,如败诉方不肯自愿执行裁决,则仲裁员可以强制其执行。(　　)

2. 申请国际仲裁的双方当事人应自愿订有仲裁协议,而向法院诉讼,无须事先征得对方同意。(　　)

3. 仲裁裁决是终局性的,败诉方不能向法院提出上诉。(　　)

4. 买卖双方已经签署仲裁协议,如执行合同过程中发生仲裁协议范围内的争议,则双方只能以仲裁方式解决,任何一方不得向法院起诉。(　　)

5. 在国际货物买卖中,如果交易双方愿意将履约中的争议提交仲裁机构仲裁,则必须在买卖合同中订立仲裁条款,否则仲裁机构将不予受理。(　　)

四、翻译练习

1. After a period of arbitration, the company said in October that it had settled all disputes with shipping companies.

2. We hope that this dispute can be settled through friendly negotiation without its being submitted for arbitration.

3. If one of the parties is not satisfied with the adjudication of arbitration, the party may bring the case to a people's court.

五、素养提升

1. 我国 A 公司与韩国 B 商社签订一份工艺品出口合同,合同规定信用证付款。仲裁条款规定:"凡因执行本合同引起的争议,双方同意提交仲裁。仲裁在被诉人所在国家进行。仲裁裁决是终局的,对双方都有约束力。"在合同履行过程中,B 商社收货后提出 A 公司所交货物品质与样品不符,A 公司认为交货品质符合样品规定,双方产生争执,于是双方将争议提交中国国际经济贸易仲裁委员会仲裁。经仲裁庭调查审理,认为 B 商社举证不实,裁决 B 商社败诉。B 商

社不服,事后向本国法院提请上诉。

问题:B商社可否向本国法院提请上诉?为什么?

2.我国某公司与外商订立一项出口合同,其中明确了仲裁条款,约定在履约过程中如果发生争议,在我国由中国国际经济贸易仲裁委员会进行仲裁。后来,双方在商品的品质方面发生争议,对方在其所在地法院起诉我方公司。法院发来传票,要求我方公司出庭应诉。

问题:对此,你认为我方公司该如何处理?理由是什么?

项目七　国际贸易合同的履行

【项目目标】

知识目标：
1. 理解交易磋商的内容、方式，了解合同的形式与结构。
2. 熟悉交易磋商程序中各环节的含义与构成条件。

技能目标：
1. 能分辨交易磋商经过哪些程序会使合同成立，并熟悉审核合同的侧重点。
2. 能对国际贸易中的交易磋商案例进行初步分析。
3. 能阐述合同基本条款、一般条款各自包含的内容。

情感目标：
1. 奠定对从事国际贸易事业的职业认同感，培养诚信、守法的基本素质。
2. 能认识法律、准则在国际贸易中发挥的重要作用，形成有法必依的基本职业操守。

任务一　交易磋商与签约

国际贸易合同的签订包含两方面内容：一是交易磋商，二是签约。

任务描述

阿里巴巴国际站是通过向国际买家推广供应商的企业和产品，从而获得贸易商机和订单的电子商务网站，现已成为全球领先的数字化贸易出口平台，至今累计服务200余个国家和地区的超过2600万活跃的企业买家。国内很多中小企业借助阿里巴巴国际站这个平台成为跨国公司，打通出口贸易的链条。

广东佛山冠峰陶瓷有限公司是阿里巴巴国际站的会员单位，小李是这家公司的一名外贸业务员。2021年12月14日，小李通过阿里巴巴国际站收到一封邮件，该客户是从未和本公司联系过的来自法国的客户。邮件主要内容是客户需要尺寸为750 mm×1 500 mm的灰色亚光瓷砖2 000片，400 mm×800 mm的咖色亮面瓷砖5 000片，600 mm×600 mm的白色亚光瓷砖10 000片。这本是一个很常见的邮件，但其中有句话引起了小李的注意："Delivery time is very important, no time for production, please do not send catalogs but check your stock and quote the prices."翻译如下："发货时间非常重要，没有时间给你们生产，所以不要发你们的目录给我，直接看看你们的库存然后给我报价。"从这句话能看出这位法国新客户对产品需求很急，小李很想促成该份贸易合同。在对客户进行回复时要注意哪些要点来进行交易磋商？

任务准备

一、交易磋商的内容与方式

交易磋商又称贸易磋商,是指交易双方就贸易合同的各项交易条件进行谈判,以求达成一致协议的过程。交易磋商是国际贸易交易的起点,成功与否关系到贸易合同是否能订立。

(一)交易磋商的内容

交易磋商的内容是合同订立和履行的依据,是签订合同不可缺少的前期基础性工作,磋商的内容包括了各项交易条件,由于涉及贸易双方的责权利关系,贸易双方都必须重视交易磋商各个环节的工作,以期达成一致的协议。这些主要的交易条件包括:

(1)货物名称、品质、数量、包装;
(2)价格;
(3)交货条件;
(4)支付条件;
(5)检验、索赔、不可抗力和仲裁等。

(二)交易磋商的方式

(1)口头磋商:指进出口双方的当面磋商、电话磋商或视频磋商等。

优点:面对面的直接交流,便于了解对方的态度,有利于根据进展情况及时调整谈判策略,采取相应的对策,更好地达到预期目的。

适用范围:比较适合谈判内容复杂、涉及问题较多的业务,如大型设备交易谈判等。

(2)书面磋商:指通过信件、电报、电传、EDI、传真、电子邮件等书面方式进行交易磋商。

优点:简单易行,费用比口头磋商低廉。

适用范围:日常业务中最常见。

(3)行为表示:指在拍卖行、交易所等场合进行的货物买卖方式等。

二、交易磋商的程序

交易磋商一般要依次经过四个环节:询盘(Invitation to Offer)、发盘(Offer)、还盘(Counter-off)和接受(Acceptance)。在这四个环节中,发盘和接受既属于商业行为,也属于法律行为。发盘和接受是达成交易、合同成立必不可少的两个基本环节和必经法律步骤。下面依次介绍交易磋商的这四个环节。

(一)询盘

(1)含义:又称邀请发盘或要约邀请,是指交易一方为出售或购买某商品而向交易的另一方询问该商品交易的各项条件。请将来可能的交易对象向自己发盘,表达想与对方进行交易的愿望。

(2)内容:询盘的内容可以是一项或几项交易条件,如品名、数量、交货日期等。

(3)方式:询盘可以是口头表示,也可以是书面表示,它既没有约束性,也没有固定格式。发出询盘的可以是买方,也可以是卖方。举例如下:

买方询盘:请报中国绿茶 CIF 伦敦价格,9 月装运。
卖方询盘:可供中国蜂蜜,7 月装运,如有兴趣请电告递盘。
询盘的主要目的是寻找卖方或买方,调查市场行情,对市场做一次初步的试探,看看市场对自己的供求有何反应。

(二)发盘

(1)含义:又称发价、报价,法律上称之为"要约",是交易的一方(发盘人)向另一方(受盘人)提出购买或售出某种商品的各项交易条件,并愿意按这些条件与对方达成交易、订立合同的一种肯定的表示。既可以采取书面形式,也可以采取口头形式。

(2)分类:根据发盘人是否承担法律责任,发盘分为实盘和虚盘。

实盘:意思确定的发盘,实盘对于发盘人来说是有法律效力的,受盘人一旦在有效期限内接受实盘上的条件和内容,合同即告成立。

虚盘:意思不明确的发盘,它对发盘人没有法律的约束力。

(3)构成条件:

①向一个或一个以上特定的人发出。

这里"特定的人"是指受盘人必须是特定的,即发盘人在发盘时必须指明受盘人的公司、企业或个人的名称或姓名。受盘人可以是一个也可以是多个。这项规定能让发盘与商业广告区分开来。

②发盘的内容必须十分确定。

不能存在含糊不清的内容或模棱两可的表达,没有保留的条件;发盘应具备订立合同的最主要内容。在《联合国国际货物销售合同公约》中要求至少包括三个基本要素:标明货物的名称;明示或默示地规定货物的数量或规定数量的方法;明示或默示地规定货物的价格或确定价格的方法。

③发盘人应明确表示愿意按发盘的内容订立合同。

发盘一经受盘人接受,合同即告成立,无须再经发盘人同意。

④发盘须在到达受盘人时才生效。

不同形式的发盘送达受盘人的时间上是有区别的。采用口头方式的发盘,在传达完时生效;采用当面递交的发盘,在交到受盘人手中时生效;采用邮寄方式发出的发盘,在信件送达受盘人时生效。

(4)有效期:

①如果发盘中明确规定了有效期限,受盘人必须在规定的期限内接受才有效,即受盘人在这段时间内表示接受,接受行为有效,合同成立,发盘人受其发盘内容的约束;受盘人在这段时间以外表示接受,接受行为无效,合同也不成立。

②未明确规定具体的有效期限时应理解为受盘人在"合理时间"内接受有效。因国际贸易至少涉及两个国家或地区,而国家之间的交易习惯不尽相同,为避免纠纷,一般不宜采用这种做法。

(三)还盘

(1)含义:是受盘人在接到发盘后,对发盘的内容不完全同意,又向发盘人提出需要变更内容或建议的表示。

根据《公约》规定,当对货物的价格、付款、品质、数量、交货时间与地点,一方当事人对另一方当事人的赔偿责任范围,解决争端的办法等提出添加或更改,均被视为实质性变更发盘条件,成为新的发盘。

(2)法律意义及法律后果:

①还盘是对发盘的拒绝,一旦还盘,原发盘人的发盘即失效,发盘人不再受其约束。

②有效的还盘就是新的发盘,原受盘人与原发盘人位置发生互换,还盘人由原发盘人的受盘人变成新发盘的发盘人,而原发盘的发盘人则变成了新发盘的受盘人。同时,还盘对还盘人(即新的发盘人)具有约束力。

(四)接受

(1)含义:法律上将接受称作承诺,是指受盘人以声明或行动表示无条件同意发盘人在发盘中提出的交易条件,并同意按照这些条件订立合同的一种肯定的表示。关键词是"无条件"和"完全相符"。

发盘一经接受,合同即告成立,对买卖双方都将产生约束力。在国际贸易中,表示接受的可以是买方也可以是卖方。

(2)构成条件:

①接受必须由特定的受盘人作出。

因为发盘是向特定的人提出的,此处特定的人就是受盘人,因此只有该受盘人表示同意该发盘的内容,才能构成有效的接受。如果其他人通过某种途径获悉发盘内容,而向发盘人表示同意,不能视为有效的发盘,只能作为一项新的发盘。

②接受的内容与发盘内容一致。

受盘人须无条件全部同意发盘的内容,接受必须与发盘人所发实盘的内容相符。

但在实际业务中,受盘人表示接受时,往往会对发盘内容做出某种添加、限制或更改。按照《公约》规定,只要这些添加、限制或更改不涉及货物质量、数量、价格、付款、交货地点和时间,一方当事人对另一方当事人赔偿责任或解决争端的办法等交易条件,都可看作接受。若更改了上述内容,这份接受就不再是接受,而是构成了还盘。

案例7-1

2022年1月,福建某工艺品企业向美国某客户出口一批藤编制品,经过双方多次对交易条件进行磋商后,已经就价格、数量、品质、交货期等达成共识。福建公司于1月15日发邮件给对方:"确认销售给你方藤编工艺品数量为3 000套,请先电汇10%的货款。"美国公司于1月17日电话回复:"确认你方邮件,条件按你方邮件规定,已将货款的10%汇至你方银行,该款在交货前由银行代你方保管。"

问题:这笔合同是否成立?

【案例分析】

根据题设在1月17日时这笔合同还未成立。根据《公约》规定,有关合同付款条件的添加或更改付款条件,均视为在实质上变更发盘。美国公司1月17日的复电改变了付款条件,并未按我方要求电汇10%的货款,而是将该笔货款改为保证金,已经实质性地变更了发盘条件,这个回电不是接受,是还盘。

③接受必须在发盘规定的时效内作出。
④接受必须以声明或其他行为形式表示出来。

用"声明"表示接受,受盘人的接受可以是口头或书面的;用行为来表示接受,比如根据该项发盘或依照当事人之间确定的习惯性做法和惯例,受盘人可以在发盘有效期内做出某些行为,比如用发运货物或支付价款的方式来表示同意。

三、签约

经过交易磋商,一方的发盘或还盘被对方有效地接受后,就算达成了交易,双方之间就建立了合同关系。根据交易磋商的内容签订合同,并按照重合同、守信用的原则来履行合同,也是国际贸易交易双方所必须履行的基本义务。

(一)合同成立的时间

合同成立的时间有两个判断标准:一是有效接受的通知到达发盘人时;二是受盘人做出接受行为时。根据《公约》的规定,受盘人接受发盘并在发盘有效期内将接受送达发盘人,合同即告成立。

在实际业务中,合同成立的时间以订约时合同上写明的日期或以收到对方确认书的日期为准,即在签订书面合同时买卖双方的合同关系确立。

(二)合同有效成立的条件

(1)合同必须经过发盘和接受才能成立。

交易磋商中虽有四个环节,但只有发盘和接受这两个环节具有法律意义,是合同成立的必备程序。

(2)合同当事人必须具有签订合同的行为能力。

签订买卖合同的当事人主要为自然人和法人。自然人签订合同的行为能力,指精神正常的成年人才能订立合同;法人签订合同的行为能力,各国法律一般认为,法人必须通过其代理人,在法人的经营范围内签订合同,越权的合同不能产生法律效力。

(3)合同必须有对价或约因。

对价和约因是不同法系的概念。对价指当事人签订合同所付出的代价,约因指当事人签订合同所追求的直接目的。按照法律规定,合同只有在有对价或约因时,才是法律上有效的合同,无对价和约因的合同,得不到法律保障。

(4)合同的标的或内容必须合法。

合同不能违反法律,不得违反公共秩序、公共政策以及善良风俗或道德。

(5)合同必须符合法律规定的形式。

我国《民法典》第四百六十九条规定,当事人订立合同,可以采用书面形式、口头形式或其他形式。

(6)合同当事人的意思表达必须真实。

当事人须在自愿和真实的基础上,就合同条款达成协议,以欺诈或胁迫手段的形式订立的合同是无效的。

任务实施

第1步 法国客户通过阿里巴巴国际站发给佛山冠峰陶瓷有限公司的这封邮件属于交易磋商中的哪个环节？（　　）

　　A.询盘　　　　　　B.发盘　　　　　　C.还盘　　　　　　D.接受

第2步 要想促成交易，客户需求又比较急，小李回复给法国客户的邮件中至少要包含哪些内容？（　　）

　　A.公司产品目录　　　　　　B.三种型号瓷砖的报价

　　C.付款方式　　　　　　　　D.三种型号瓷砖的图片

第3步 小李回复给法国客户的这封邮件属于交易磋商中的哪个环节？（　　）

　　A.询盘　　　　　　B.发盘　　　　　　C.还盘　　　　　　D.接受

第4步 假设在收到小李的邮件后，法国客户回复翻译如下："谢谢你，看样子我们可以成交了，请给我尽快准备产品订单，给我最短的发货时间并告知我具体的尺寸和重量，我们自己在中国的货代会尽快联系你。请通过阿里巴巴的信保方式做这个订单，我们会立即给你付款。"法国客户这样回复的邮件属于交易磋商中的哪个环节？（　　）

　　A.询盘　　　　　　B.发盘　　　　　　C.还盘　　　　　　D.接受

第5步 假设第4步的邮件内容增加这么一句话："请把600 mm×600 mm 的白色亚光瓷砖10 000 片的价格调低10%。"其他邮件内容和第4步中的一样。那法国客户这样回复的邮件属于交易磋商中的哪个环节？（　　）

　　A.询盘　　　　　　B.发盘　　　　　　C.还盘　　　　　　D.接受

第6步 法国客户在邮件中增加降价10%的这句话后，这封邮件为什么属于交易磋商的该环节？

_____

_____

第7步 通过任务，正在学习的你可以汲取什么经验？

层面	回答
职业素养方面的经验	
职业技能方面的积累	

拓展提升

发盘的撤回和撤销在国际贸易实务中有重大意义。国际市场行情瞬息万变，发盘人在发盘后，如发现发盘错误，或国际市场行情变化较大，可能会撤回或撤销其发盘，双方就可能产生争议,因此界定发盘的撤回和撤销就显得尤为重要。

撤回是指发盘人在发出发盘之后,为了使其不发生效力,用更迅速的通信方式,将发盘的撤回或更改通知赶在受盘人收到该发盘之前或同时送达受盘人的行为。《公约》规定,一项发盘,只要在其尚未生效之前都是可以修改或者撤回的。发盘的撤回一般适用于信件、电报或快递等传达需花一段时间的发盘方式,这些方式可以用更快捷的通信方式发出撤回。但若用电话、传真或 E-mail 及时传达方式的发盘则不存在撤回。

在发盘送达受盘人已经生效,在受盘人未接受之前,在符合条件的情况下可以撤销。《公约》规定在未订立合同之前,如果撤销通知在受盘人发出接受通知之前送达受盘人,发盘则可以撤销。

巩固提高

一、单项选择题

1. 美国某买主向广州陶瓷洁具加工厂发邮件:"拟购虹吸式冲水马桶 1 000 台,请回邮件告知最低价格和最快发货期。"这封邮件属于交易磋商的哪一环节?(　　)
   A. 询盘　　　　B. 发盘　　　　C. 还盘　　　　D. 接受

2. 一项发盘,经过还盘后,则该项发盘(　　)。
   A. 仍然有效　　　　　　　　B. 对原发盘人有约束力
   C. 对原还盘人有约束力　　　D. 失效

3. 英国某买家向我方公司来电称"接受你方 14 日发盘,但请降价 10%",这样的来电属于交易磋商的(　　)环节。
   A. 询盘　　　　B. 发盘　　　　C. 还盘　　　　D. 接受

4. 某项发盘于 3 月 10 日以电报形式送达受盘人。但在此之前的 3 月 9 日,发盘人以电话告知受盘人发盘无效,此行为属于(　　)。
   A. 发盘的撤回　　B. 发盘的修改　　C. 重新发盘　　D. 发盘的撤销

5. 在接受迟到的情况下,决定接受是否有效的主动权在(　　)。
   A. 受盘人　　　　B. 邀请发盘人　　C. 发盘人　　　　D. 询盘人

6. 《公约》中对发盘内容"十分确定"的解释是(　　)。
   A. 明确规定合同的有效期
   B. 规定交货地点和时间
   C. 规定责任范围和解决争端的办法
   D. 明确货物、规定数量和价格

二、多项选择题

1. 交易磋商的四个环节中,达成交易不可缺少的两个基本环节是(　　)。
   A. 询盘　　　　B. 发盘　　　　C. 还盘　　　　D. 接受

2. 根据《公约》规定,受盘人对下列哪些内容提出添加或更改,均视为实质性变更发盘条件(　　)。
   A. 付款条件　　B. 品质　　　　C. 数量　　　　D. 价格

3. 构成发盘必须具备的条件是（　　）。

A. 向一个或一个以上特定的人发出　　B. 发盘的内容必须完整齐全

C. 发盘的内容必须十分确定　　D. 表明订立合同的意思

三、翻译练习

1. Counter-off.

2. Invitation to Offer.

四、素养提升

国内甲公司拟向美国进口一批沙丁鱼，请美国乙公司发盘。4月2日美国乙公司发盘："4月30日前请答复，300箱罐装沙丁鱼，每箱10美元，6月份纽约港装运。"4月10日甲公司发出还盘："300箱罐装沙丁鱼，每箱8美元，6月份纽约港装运，请4月20日前答复。"到4月20日甲公司未收到回电。鉴于该沙丁鱼货价看涨，甲公司于4月23日去电："你方4月2日的报价及其他条件我们接受。"

问题：①在此情况下乙公司原报价是否能继续约束乙公司至4月30日？②乙公司能否因货价看涨而不理会甲公司？

任务二　签订国际贸易合同

交易双方在交易磋商过程中的往返函电，已是合同的书面证明，但国际贸易合同的交易双方处于不同国家和地区，其文化背景、法律制度各不相同，使得货物运输、政府许可、海关手续、价款支付等诸多方面与国内的贸易合同有较大差异。因此根据国际惯例，交易双方在交易磋商成功后，一般还要订立合同，以进一步明确双方的权利和义务。

任务描述

"渝新欧"国际铁路联运大通道，指利用南线亚欧大陆桥这条国际铁路通道，从重庆出发，经西安、兰州、乌鲁木齐，到达边境口岸阿拉山口，进入哈萨克斯坦，经俄罗斯、白俄罗斯、波兰，至德国的杜伊斯堡，全长11 179公里，由沿途六个国家铁路、海关部门共同协调建立的铁路运输通道，占据中欧班列主导地位。据国家海关统计，2020年渝新欧运输箱量超22万标箱，同比增长超65%，货值位居全国第一。

位于渝新欧铁路起点的重庆，是西南地区最大的工商业城市之一，惠普、宏碁、华硕"笔记本电脑出口制造基地"先后落户重庆，其后富士康等6家台湾代工企业及300多家零部件企业落户重庆。已形成每年生产1亿台的笔记本电脑基地。欧洲是这些电脑的主要销售地区，占总量的一半左右。渝新欧铁路为重庆的笔电销售提供了一个畅通、成本较低的物流通道。小夏是重庆华硕电脑外贸业务部新来的实习生，主管让他先通过阅读公司以前的国际贸易合同来熟悉公司的业务内容。小夏在阅读合同内容时应抓住哪些要点来学习？

任务准备

一、国际贸易合同的形式

我国《民法典》第四百六十九条规定，当事人订立合同，可以采用书面形式、口头形式或其他形式。现行相关法律对国际贸易合同的形式没有限制，国际贸易合同可采取口头、书面或其他形式。

1. 书面形式

书面形式是指合同书、信件、数据电文（例如电报、电传、传真、电子数据交换和电子邮件）等可以有形地表现所载内容的形式。

(1) 内容较简单的简式合同：如销售确认书（Sales Confirmation）、购买确认书（Purchase Confirmation）、协议（Agreement）、备忘录（Memorandum）等。

(2) 条款较完备、内容较全面的正式合同：如进口合同（Import Contract）或购买合同（Purchase Contract）以及出口合同（Export Contract）或销售合同（Sales Contract）。

正式书面合同比简式书面合同约束力更强，一般买卖双方会优选签订正式合同，除非彼此间有战略合作或为多年伙伴，为了简化程序也可选择简式合同。在我国对外贸易中，主要使用合同和销售确认书两种形式。买卖合同内容较详尽，一般用于大宗交易；销售确认书内容相对简略，一般用于小额交易。

2. 口头形式

口头形式是指当事人通过当面谈判或者通过电话方式订立合同。口头合同有利于节省时间、简便行事，但是空口无凭，一旦发生争议，往往造成举证困难，不易分清责任。

3. 其他形式

其他形式是指通过发运货物或预付货款等方式表示对合同内容的确认等。

4. 订立书面合同的优势

在实际业务中，当事人双方为了减少争议，一般都要求将各自享受的权利和应当承担的义务用文字规定下来，以作为履行合同的依据，因此选择签订书面合同是更为常见的形式，其优势如下。

(1) 书面合同是合同关系存在的证明。

(2) 书面合同是履约的依据。国际贸易交易周期长、标的金额大、内容繁杂，正式的书面合同有确定的法律约束力，条款完整，对当事人的交易提供了更完备的规则，更利于履约。

(3) 书面合同是解决争议的依据。假设是口头约定，合同双方当事人无法举证，争议无从解决。

二、国际贸易合同的重要性

(1) 国际贸易合同是各国经营进出口业务的企业开展货物交易最基本的手段。这种合同不仅关系到合同当事人的利益，也关系到国家的利益以及国与国之间的关系。

(2) 国际贸易合同明确规定了当事人各方的权利和义务，是联系双方的纽带，对双方具有相同的法律约束力。

三、国际贸易合同的结构

国际贸易合同按照形式分为三个部分：约首（Preamble）、主体（Body）和约尾（Witness Clause）。

(一)约首

约首是合同的序言部分，一般包括合同名称、合同编号、签约日期、签约地点以及合同当事人的名称和地址、传真、电子信箱等。此外，还包括双方订立合同的意愿或执行合同的保证，如"买卖双方经协商同意按下列条款成交"。

(1)合同名称(Title)：实际使用的出口合同主要使用两种名称，即销售合同和销售确认书。此外，合同还有多种表述方式，例如 Sales Agreement、Export Contract、Order Sheet，等等。

(2)合同编号(Contract No.)：合同编号可方便业务联系、档案管理和日后查核。日常工作中，包括撰写函电、制单、开立信用证等都需要引用合同编号。编号一般由公司简称、年份及序号三部分构成，如 CB-07-006。

(3)订约日期(Date of Contract)：订约日期原则上被视为合同生效日期(Effective Date)，有时合同的订约日期对确定合同有效性能起到证据作用。

(4)订约双方(Signing Parties)：买卖双方的名称应使用全名以表明其法律身份。

(5)合同序言(Preamble of a Contract)：合同序言声明双方订立合同的意愿和执行合同的保证。

(二)主体

主体指的是合同的正文部分，具体规定了买卖双方各自的权利和义务，即合同条款，通常分为两大类。

1. 具体条款

具体条款(或主要交易条件)是指与交易标的直接相关的条款，包括品名、品质规格、数量、包装、价格、运输、保险、支付、检验等。

2. 一般条款

一般条款(或称合同的通用条件)指国际贸易中的当事人拟订的对每笔交易都适用的一套共性的交易条件。一般条款与交易标的并不直接相关，但它是管理、解释以及出现争议时解决双方争议不可缺少的条款。一般条款包括不可抗力，仲裁，违约救济，准据法，合同的变更、终止、期限，合同的文本数量、使用的文字及效力等。这类条款有时会事先印制在合同文本中，也被称为格式条款。

综上所述，完整的合同条款包括：品名、品质、数量、包装、运输、保险、价格、支付、检验、索赔、不可抗力、仲裁、法律适用等。拟订合同正文时要特别注意，应综合审查合同，各项条款的内容要明确、完整、肯定，使合同各条款一致，不能互相矛盾。

(三)约尾

约尾一般列明合同的份数、使用的文字及其效力，订约的时间和地点、生效的时间，以及有正当权限的双方当事人代表的签字。合同的订约地点涉及合同的法律适用。如合同未明确规定法律或诉讼管辖权，订约地就将成为确定合同使用法律的重要依据，要慎重对待。

> **案例7-2**
>
> 2020年11月重庆某外贸公司与新加坡某企业通过多次交易磋商,达成共识后成交了第一笔交易,新加坡公司向重庆公司采购一批笔电产品。重庆公司外贸业务员小王确认好合同内容后通过邮件将合同发给新加坡公司。一周后新加坡公司来电询问笔电货品具体发货期,经交流后才知新加坡公司已将货款打入合同中填入的银行账号,但该银行账号并非重庆公司银行账号。
>
> 报案调查后得知,小王发送的邮件被黑客截获,银行账号被更改后再发入新加坡公司的邮箱,然后新加坡公司按照更改合同上的银行账号即黑客的账号打入货款,这笔货款追回的希望非常渺茫。
>
> 【案例分析】
> 在国际贸易中,因为双方无法见面,在传递涉及合同关键信息的内容时除了发送邮件外,还应该给对方打电话或在社交软件上留言与对方及时确认关键信息,不给不法分子留下可乘之机,避免损失。

四、国际贸易合同审核要点

(1)审核合同的形式和格式。

若合同是外商提供的格式合同,要侧重审查其政治性、合法性、真实性和可操作性。

(2)审核合同签约的授权。

外贸员对外签订合同,必须取得公司法定代表人的"签约授权书",否则无效。"签约授权书"中需明确授权范围和工作责任,无授权或超过授权范围签订的合同无效。

(3)审核合同的主要内容。

包括品种、规格、单价、数量、总金额及贸易术语、装运时间、装运港和目的港、包装、保险、付款方式、码头以及其他双方约定的条款、仲裁条款等。

(4)审核合同的签章。

国际贸易合同采用书面合同形式,经买卖双方签字、盖章有效,无签章则该合同无效。

任务实施

第1步 国际贸易合同分为哪三个部分?同时写出其对应的英文。

中文			
英文			

第2步 下列哪些合同类型是比较正式的书面合同?(   )
A.协议　　　　B.销售合同　　　　C.进口合同　　　　D.购买确认书

第3步 主管告诉小夏,审核合同时除了关注合同内容真实合法外,还要关注合同签订人的授权范围,主管的说法是否正确?(   )

A. 正确　　　　　　B. 错误

第 4 步　因国际贸易合同的交易双方处于不同国家和地区,所以最利于成交贸易的合同形式是口头形式,这种说法正确吗？为什么？

_____

_____

第 5 步　下列哪些属于合同的主要交易条件(也就是合同主体的具体条款)？(　　　)

A. 包装　　　　　B. 保险　　　　　C. 品质　　　　　D. 品名

第 6 步　小夏阅读合同时,发现有些合同写了合同的订约地点,有些合同这条直接省略,因此认为订约地点是可有可无的合同内容,这种结论是否正确？为什么？

_____

_____

第 7 步　通过任务,正在学习的你可以汲取什么经验？

层面	回答
职业素养方面的经验	
职业技能方面的积累	

拓展提升

受全球新冠肺炎疫情影响,无法如期履行或不能履行国际贸易合同的企业可向中国国际贸易促进委员会(简称贸促会)申请办理与不可抗力相关的事实性证明。"不可抗力"是一项免责条款,是指买卖合同签订后,不是由于合同当事人的过失或疏忽,而是由于发生了合同当事人无法预见、无法预防、无法避免和无法控制的事件,以致不能履行或不能如期履行合同,发生意外事件的一方可以免除履行合同的责任或者推迟履行合同。贸促会出具的与不可抗力相关的事实性证明用以减免违约责任,尽可能减少疫情带来的损失,已得到全球 200 多个国家和地区的政府、海关、商会和企业的普遍认可。

巩固提高

一、单项选择题

1. 下列哪些不属于合同结构中的约首(　　　)。

A. 订约双方　　　　B. 订约日期　　　　C. 包装　　　　D. 合同序言

2. 下列属于合同主体的一般条款是(　　　)。

A. 价格　　　　B. 数量　　　　C. 违约准据法　　　　D. 保险

3. 下列属于合同主体的具体条款是(　　　)。

A. 不可抗力　　　　B. 仲裁　　　　C. 使用的文字　　　　D. 品质

4.下列不属于国际贸易合同审核要点的是（　　）。

A. 国籍　　　　　B. 签章　　　　　C. 单价　　　　　D. 授权

5.下列不属于合同采取书面形式好处的是（　　）。

A. 履约的依据　　　　　　　　　B. 沟通交流更高效

C. 合同关系存在的证明　　　　　D. 解决争议的依据

二、多项选择题

1.在国际贸易中，合同成立的有效条件是（　　）。

A. 当事人必须具有签订合同的行为能力

B. 合同必须有对价或约因

C. 合同的形式和内容必须符合法律的要求

D. 合同当事人的意思表示必须真实

2.按照国际贸易相关法规，国际贸易合同允许的形式有（　　）。

A. 口头形式　　　　　　　　　　B. 书面形式

C. 预付货款确认形式　　　　　　D. 社交软件聊天形式

三、翻译练习

1. The Buyer and Seller Have agreed to conclude the following transactions according to the terms and conditions stipulated below.

2. Country of Origin.

3. Inspection and claim.

4. Marks：The seller must use non-fading paint to print each box number, size, gross weight, net weight, hanging position and other words.

项目八　国际贸易方式

【项目目标】

知识目标：

1. 了解经销、代理和拍卖、寄售的含义。
2. 了解加工贸易和期货交易的含义和区别。
3. 了解跨境电子商务的含义和交易流程。
4. 了解国际贸易的新业态和新业态的发展。

技能目标：

1. 能恰当地选择不同的贸易方式。
2. 能对国际贸易中常见的案例进行初步分析。
3. 能区分加工贸易和期货交易。
4. 能根据国际贸易的新业态提出自己的观点。

情感目标：

1. 初步奠定对从事国际贸易事业的职业认同。
2. 能初步认识改革开放以来，我国外经贸事业的快速发展，坚定社会主义制度认同。

任务一　理解经销、代理和拍卖、寄售

任务描述

美美服装有限公司是一家主营女装的传统出口型外贸企业。夏天要到了，公司设计了一款雏菊系列的女装想销往欧洲。由于之前的经销商合同到期，合作期间的利润不理想，这次公司的决策人想换一种方式，于是召集了公司的高层进行头脑风暴。有人提出不只找一家经销商，不授予商品销售的专营权，找寻多家经销商进行合作；有人提出可以找代理；还有人提出可以用寄售的方式进行销售。假如你是这家公司的决策者，你会怎么选择？

任务准备

一、经销

（一）什么是经销

经销（Distribution）是指出口商（供货方）通过与国外客户（经销方）订立经销书面协议，在

规定的期限和区域内销售指定商品的一种贸易方式。经销是国际贸易中常见的出口推销方式。这种方式可以有效地利用国外经销商的销售渠道推销商品,从而促进产品出口,巩固和扩大出口市场。

(二)经销方式

(1)一般经销:也称定销,是指出口人通过与国外定销人签订定销协议的方式,将某一种或某一类商品在约定期限和约定地区交由国外定销人销售的做法。出口人对定销人在价格、支付条件或折扣上给予一定的优惠,但不授予商品销售的专营权。

(2)独家经销(Sole Distribution):也称包销(Exclusive Sales),是指出口供应方跟进口经销商达成书面协议,由前者把某一种或某一类商品给予后者在规定期限和约定地区内独家经营的权利。

定销和包销的区别就在于,定销属于售卖性质的买卖关系,而包销享受独家经营权。

(三)经销协议的内容

经销协议(Exclusive Sales Agreement)是指出口商与经销商签订的规定经销方式下双方权利和义务的书面文件,它是从法律上确立双方关系的契约。经销协议的内容包括:当事人的名称和地址,经销商品的种类和名称,经销商品的地区和经销期限,经销权的授予和双方的关系,经销数量和金额,其他义务。

(四)采用经销方式应注意的问题

经销方式的选择很重要,经销方式运用得当,可以有力地拓展国外市场,提升出口业绩;但经销也存在着很大风险,如果运用不当就会适得其反。因此,采用经销方式应注意以下问题:慎重选择国外经销商,合理规定经销商品和经销地区,明确规定经销数量或金额,拟订好经销协议。

案例8-1

A公司与美国B公司签订了一份独家经销协议,A公司把该公司经营的手机支架在美国的独家经销权授予美国的B公司,期限为一年。一年过去了,由于B公司销售不力,致使A公司蒙受很大损失。

试分析:A公司蒙受损失的原因是什么?

【案例分析】

A公司将独家经销权给了B公司,只有B公司能在美国市场上销售A公司的产品,因为B公司的经营不力,导致A公司蒙受损失。

【案例反思】

采用经销方式时,首先,需要考虑是独家经销还是一般经销,看该商品适合哪种经销方式;其次,如果选择独家经销,必须在签订独家经销协议之前,慎重选择国外经销商,考察该经销商的经营能力等状况,看是否可以给公司带来利润。A公司由于选择不当,蒙受了损失。

二、代理

(一)什么是代理

代理(Agency):是指代理人(Agent)按照出口商(委托人,Principal)的授权,代表委托人向其他中间商或用户销售其产品的一种做法,是国际贸易中最常见的贸易方式之一。

在国际贸易中,代理人通常作为委托人在国外的代表,为委托人的商品买卖提供服务。

(二)代理类型

(1)代理按职权范围可分为总代理、独家代理和一般代理。

①总代理(General Agent):总代理是指代理人在约定地区和期限内,不仅享有指定代销商品的专营权,还有代表出口企业从事其他商务活动的权利,如总代理商有权指派分代理,是委托人的全权代表。

②独家代理(Sole Agent):独家代理是指出口企业与国外的一家代理商签订书面协议,在约定的期限和地区范围内,给予对方独家推销约定商品的权利。

③一般代理:又称佣金代理(Commission Agent)或普通代理,是指委托人在同一代理地区/期限内可同时委托多个代理商代销其指定商品。代理人按代理协议规定,根据实际推销商品数额向委托人收取佣金。在我国出口业务中,此种代理形式采用较多。

(2)代理按行业性质可分为销售代理、购货代理、货运代理和保险代理。

(三)运用代理方式应注意的问题

1.慎重选择代理商

在选择代理商时,要在广泛接触、相互了解的基础上,充分考虑其资信程度、经营能力等情况,选择资信好、渠道健全、经营能力强的销售商作为代理商。

2.认真签订代理协议

代理协议中要全面规定双方的权利和义务,明确规定代理商品的种类、代理期限和代理地区等条款。

3.综合考虑各种其他因素

综合考虑出口企业的经营目的、市场供求情况,决定代理商品的种类多少、代理期限的长短和代理地区范围的大小。处理好代理商与在国外建立的合资企业、独资企业的关系,加强与代理商的联系。

一般情况下,独家代理商品种类不宜过多,先以一般代理为主,在充分考虑后再进行独家代理。

三、拍卖

(一)什么是拍卖

拍卖(Auction)是一种实物交易,是指由专营拍卖业务的拍卖行接受货主的委托,在规定的时间和场所,按照一定的章程和规则,以由买主公开叫价或密封出价的方式,将货物卖给出价最高的买主的一种交易方式。

拍卖是一种历史悠久的交易方式,目前仍然被采用。以拍卖进行交易的商品,大多是一些品质不易标准化,或难以久存的,或传统上就习惯拍卖的商品,如艺术品、茶叶、烟草、裘皮、毛皮、纸张以及古玩等。

(二)拍卖的形式

按照出价方法可以将拍卖分成增价拍卖、减价拍卖、密封递价拍卖三种方式。

(1)增价拍卖:又称英式拍卖,也称买主叫价拍卖,是由拍卖人宣布预定的最低价格,然后由买主竞相加价,最后拍卖人把货物卖给出价最高的竞争者。

(2)减价拍卖:又称荷兰式拍卖(Dutch Auction),也称卖方叫价拍卖,是由拍卖人先开出最高价格,然后由拍卖人逐渐降低叫价,直到某一竞买者表示购买为止。

(3)密封递价拍卖:也称招标式拍卖,是由拍卖人事先公布每批商品的具体情况和拍卖条件,然后由各买方在规定时间内将密封标书递交给拍卖人,拍卖人通过将各买方的递价进行全面的分析和比较后,最后决定把货物卖给条件最合适的买主。

(三)拍卖的基本程序

1. 准备阶段

货主事先把商品运到拍卖人指定的仓库,由拍卖人进行挑选、整理、分类、编号,印制目录和招揽买主。

2. 查验货物

买主事先对拍卖货物进行查验,并记下某些看中的货物编号,拟定自己的出价标准。

3. 正式拍卖

在规定的时间和地点,按照一定的拍卖规则和章程,将货物进行拍卖,逐笔喊价成交。出价最高的购买者获得货物的所有权。

4. 付款提货

拍卖成交后,买主在成交确认书上签字,按照规定进行付款和提货,当场缴纳款项后便可将拍卖的货物取走。

> **案例8-2**
>
> 某公司在拍卖行经竞买获得一批精美瓷器。在商品拍卖时,拍卖条件中规定:"买方对货物过目或不过目,卖方对商品的品质概不负责。"该公司在将这批瓷器通过公司所属商行进行销售时,发现有部分瓷器出现网纹,严重影响这部分商品的销售。该公司因此向拍卖行提出索赔,但遭到拍卖行的拒绝。
>
> 试分析:拍卖行的拒绝是否有道理?为什么?
>
> 【案例分析】
>
> 拍卖行的拒绝有道理。因为拍卖是根据一定的章程和规则来进行的,既然拍卖条件中规定了"买方对货物过目或不过目,卖方对商品的品质概不负责",那么,买方就没有权利再进行索赔了。

四、寄售

(一)什么是寄售

寄售(Consignment)是一种出口人委托代售人代销货物的贸易方式。出口商作为寄售人与外国代销商签订寄售协议后,由出口商先将货物运往寄售地,委托代销商在当地市场上代为销售,待货物售出后,代销商将扣除佣金与其他费用后的余款交付给寄售人。

(二)寄售的特点

寄售有以下几个特点:

(1)委托代售关系。

代销商只能根据寄售人的指示代为处置货物,寄售人和代销人是委托与受托的关系,而不是买卖关系。

(2)售出前物权属寄售人。

货物的所有权在出售之前属于寄售人。在代销商未将商品售出前,商品的所有权仍归寄售人所有。如代销商破产,寄售人可收回寄售商品。

(3)出货在先成交在后。

与一般的贸易不同,寄售的货物先运到销售地再出售,不像一般贸易是先成交,然后才将货物运出。

(4)代销商不承担风险。

代销商不承担与市价涨落及销售畅滞相关的风险和费用,只收取佣金作为报酬。

(三)采用寄售方式应注意的问题

(1)选好代售人。

(2)拟订好寄售协议。

(3)寄售货物的数量不宜过多,金额不宜过大。

(4)在国外市场畅销或比较畅销的货物,不宜采用寄售的方式,避免加大费用和影响货物的正常销售。

案例8-3

国内一家 A 公司以寄售的方式向英国装运出口一批在仓库中积压已久的商品,货到目的地后虽经寄售商努力去卖,但是仍然无法出售,最后只能装运回国。

试分析:A 公司有什么不当之处?

【案例分析】

A 公司没有意识到寄售这种方式对于出口方来说风险比较大。寄售货物在出售之前一切风险均由寄售人承担,代销人不负担风险与费用。基于这一点,出口方在出售自己积压的商品之前,需要事先调查寄售地的市场动态、供求情况等,而不能盲目地进行寄售。

任务实施

第1步 分析将新产品销往欧洲有几种形式,并用一句话总结这些形式。

形式	总结

第2步 分析这几种形式的优缺点。

形式	优点	缺点

第3步 分析一下经销与代理的区别。

第4步 根据几种形式的分析,为美美服装有限公司选择一种合适的形式,并说明原因。

第5步 通过任务,正在学习的你可以汲取什么经验?

层面	回答
职业素养方面的经验	
职业技能方面的积累	

巩固提高

一、单项选择题

1. 一般代理又可以叫作(　　)。
   A. 独家代理　　　　　　　　　　B. 佣金代理

C. 总代理　　　　　　　　　　　D. 全权代理

2. 以下不属于拍卖形式的是(　　)。

A. 增价拍卖　　　　　　　　　　B. 减价拍卖

C. 随机出价拍卖　　　　　　　　D. 密封递价拍卖

3. 在寄售协议下,货物的所有权在寄售地出售前属于(　　)。

A. 代理人　　　　　　　　　　　B. 代销人

C. 寄售人　　　　　　　　　　　D. 独家经销人

4. 以下不属于按职权范围进行代理分类的是(　　)。

A. 总代理　　　　　　　　　　　B. 独家代理

C. 一般代理　　　　　　　　　　D. 销售代理

5. 独家经销协议实质上是一份(　　)。

A. 买卖合同　　　　　　　　　　B. 寄售合同

C. 代理合同　　　　　　　　　　D. 拍卖合同

6. 拍卖的特点是(　　)。

A. 卖主之间的竞争　　　　　　　B. 买主和卖主之间的竞争

C. 拍卖行之间的竞争　　　　　　D. 买主之间的竞争

二、多项选择题

1. 经销协议的内容包括(　　)。

A. 经销商品的种类和名称

B. 是否具有独家经销权

C. 经销商品的地区和经销期限

D. 经销数量和金额

2. 独家代理协议一般包括(　　)。

A. 代理权限　　　　　　　　　　B. 最低代销额

C. 独家经销地区　　　　　　　　D. 独家专营权

三、翻译练习

1. Consignment.

2. Auction.

3. Sole Distribution.

4. 一般代理。

四、素养提升

我国 A 公司与日本 B 公司签订了一份代理协议书,协议中规定 B 公司委托 A 公司为某电子设备在我国大陆地区的独家代理。随后,A 公司积极地对此电子产品进行宣传和销售推广,但 B 公司随后又自行在我国大陆地区发展了几家代理商。

问题:B 公司的做法是否合适？为什么？

任务二 理解加工贸易和期货交易

任务描述

美美服装有限公司是一家主营女装的传统出口型外贸企业。以前都是公司自己生产女装销售到海外,最近听说区外加工贸易便利多,政府给予的政策好,公司想了解一下区外加工贸易与一般贸易有什么区别,区外加工贸易是什么,怎么做,自己公司能不能尝试等。请帮助美美服装公司出出主意。

任务准备

一、加工贸易

(一)什么是加工贸易

加工贸易是指企业通过进口外国原料、材料或零件,利用本国的生产能力和技术,对其进行加工、制造或装配,加工成成品后再出口的贸易方式。加工贸易是国际上普遍采用的贸易方式,是以加工为特征的贸易方式,同样也是以商品为载体的劳务输出。

(二)加工贸易的形式

加工贸易主要有来料加工和进料加工两种形式。

(1)来料加工:是指加工一方由国外另一方提供原料、辅料和包装材料,按照双方商定的质量、规格、款式加工为成品,交给对方,自己收取加工费。

(2)进料加工:是指企业自筹外汇在国际市场上购买原材料和零部件,按自己的设计加工装配成成品后,再出口销往国外市场。进口的目的是出口,这种做法又称"以进养出"。

(三)来料加工和进料加工的异同

(1)相同之处:不论哪种加工方式,原料市场和产成品市场都在国外,属于两头在外的业务方式。

(2)不同之处:来料加工是对方来料,我方按照要求进行加工,向对方收取约定的加工费用;进料加工是我方自营的业务,自行进料,自定方式,自负盈亏。因此,进料加工要承担一定的价格风险、销售风险。

案例8-4

我国A公司与英国B公司签订了来料加工合同,由B公司提供加工所需要的全部原材料,A公司加工成笔记本电脑后全部返销英国。由于当时我国国内市场上该商品的销路很好,A公司经B公司同意,把部分商品销到国内市场,被我国海关查出,A公司被海关予以重罚。

> 试分析:为什么海关要罚 A 公司钱?
>
> 【案例分析】
>
> 因为 A 公司与 B 公司签订的是来料加工合同,来料加工方式下,产品必须销往国外,因为来料加工已经享受了各种关税的优惠、出口退税,所以直接在国内市场销售的性质等同于走私,会被海关重罚。

二、期货交易

(一)什么是期货交易

期货交易是指在期货市场下,按照严格的程序和规则,由众多的买主和卖主通过公开喊价的方式,买进或卖出某种商品期货合同的交易,又称为期货合同交易。

期货交易的商品多为初级产品,如小麦、玉米、大豆、棉花、咖啡豆、石油等。

(二)期货交易的基本特征

(1)期货交易是在固定的场所集中进行的。比如期货交易市场,只有交易所的会员才有资格直接进行期货交易。目前国际上比较有名的期货交易所有芝加哥国际货币市场、伦敦国际金融期货交易所、新加坡货币期货市场等。我国也积极参与国际货币市场,培育自己的期货市场。

(2)期货交易以标准合同交易为主。在商品期货交易合同中,品质、规格、包装、交货地点、检验、支付等条款内容都已经标准化,只有价格可以随市场变动。买卖双方只需要协商确定价格和交货期两项条款及合同份数。期货交易双方不直接接触,无须了解对方的身份、资信等情况,所有成交的交易专门有一个清算中心负责结账。

(3)期货交易获利机会多。无论市场行情看涨还是下跌,均可入市获得盈利机会。价格涨时,先低买再高卖的过程称为多头;价格跌时,先高卖再低买的过程称为空头。

(4)履约保证金制度。商品期货交易市场施行严格的履约保证金制度,缴纳少量保证金,一般为合约价值的5%~10%,就能完成整个期货交易。所以期货交易具有以小博大的特点,既可以增加盈利的机会,也可以灵活控制风险,选择只在投资者手中。履约保证金制度一般包括原始押金缴纳制度和亏损时补交押金制度。履约保证金制度的建立确保了期货交易合同的履行以及清算制度的正常运行。

(三)期货交易的程序及运作

(1)进行期货交易前,客观估计自己的承受能力。

(2)选择经纪人:选择经纪公司,选择具体的服务经纪人。选择经纪公司是进入期货市场的第一步,也是关键的一步。选择经纪人的条件:是交易所的会员,资金雄厚,信誉好,人员素质高,市场信息灵通,服务质量好,保证金和佣金收取合理。

(3)开户:客户选定经纪公司之后,经纪公司在严格审查客户开户资产和财务状况后,帮助客户开设期货交易账户。根据管理形式的不同,期货交易账户可分为一般商品账户、管理账户、指导账户及商品互动基金等四种。

(4)进入期货市场:制订交易计划,确定适宜的投资额。投资额的多少取决于交易者的财务状况,在投资前必须对投资者的净资产和流动资产进行准确评估,以确定投资额度。一般来说,用于期货等投机性投资的资金不能超过投资者所能支配的流动资产总额的10%,最多不能超过四分之一。

(5)确定交易商品的品种和数量:根据价格分析的结果确定交易部位,即是买还是卖,在何种价位进行买卖。

(6)确定清仓离市价格:其中关键是制定合理的目标价格,当市场的价格波动到这一目标价格时,立即结算出场,确保利润最大和损失最小。

任务实施

将学生进行分组,4~5名学生一组,完成下列任务:

第1步　上网了解加工贸易的发展历程。

阶段一	
阶段二	
阶段三	

第2步　尝试分析一下一般贸易和加工贸易的区别。

第3步　了解加工贸易的流程。

第4步　请根据查找到的资料分析美美服装有限公司选择区外加工贸易是否可行。

第5步　通过任务,正在学习的你可以汲取什么经验?

层面	回答
职业素养方面的经验	
职业技能方面的积累	

巩固提高

一、单项选择题

1.以下不属于期货交易的商品的是(　　)。

1.大豆　　　　　　B.棉花　　　　　　C.咖啡豆　　　　　　D.衣服

2.加工贸易的载体是(　　)。

A. 商品　　　　　B. 人力　　　　　C. 机器设备　　　　D. 货币

3. 以下在期货交易中变动的是（　　）。

A. 商品品质　　　B. 商品规格　　　C. 商品价格　　　　D. 商品包装

4. 在来料加工业务中,料件与成品的所有权（　　）。

A. 成品属于供料方,料件属于加工方

B. 料件属于供料方,成品属于加工方

C. 均属于供料方

D. 均属于加工方

5. 期货交易（　　）。

A. 可以在任何时间、任何地点进行

B. 必须在期货交易所内按交易所规定的开市时间交易

C. 必须在期货交易所进行,但没有时间规定

D. 必须在交易所规定的时间进行,但交易不限于交易所内

二、多项选择题

1. 以下关于进料加工的说法中正确的是（　　）。

A. 包括进口原材料和出口成品两种业务

B. 目的是赚取以外汇表示的附加值

C. 在我国被称为"以出养进"

D. 原材料的供应者和成品的购买者没有必要联系

2. 来料加工与进料加工的区别是（　　）。

A. 前者是一笔交易,后者是两笔交易

B. 前者属于对销贸易,后者属于加工贸易

C. 前者获取加工费,后者赚取利润

D. 前者的创汇率一般低于后者

三、判断题

1. 加工贸易是以加工为特征的贸易方式。（　　）

2. 期货交易市场不需要缴纳保证金。（　　）

3. 无论市场行情看涨还是下跌,均可进入期货市场获得盈利机会。（　　）

4. 来料加工和进料加工原料市场和产成品市场都在国外,属于两头在外的业务方式。（　　）

5. 谁都可以进行期货交易,不用进行评估。（　　）

任务三　理解跨境电商新型国际贸易方式

任务描述

美美服装有限公司是一家主营女装的传统出口型外贸企业。随着国外市场环境的变化,公

司过度依赖的美国市场在近期出现了需求下滑的现象,面对激烈的市场竞争和不太稳定的市场环境,公司的发展遇到了瓶颈。业务部在市场调查研究中发现,许多外贸公司顺应市场的变化,尝试新型的国际贸易方式,设立跨境电商部门,通过跨境电商平台转型开展跨境零售及批发的业务,并取得了很好的成绩。于是业务部的赵经理也想尝试组建新的跨境电商团队,开展跨境零售业务,为公司寻求新的发展。

假设你是一名刚毕业的中职学生,有幸被公司分到了跨境电商团队,与部门同事一同打造跨境电商团队。

任务准备

一、跨境电子商务的概念

跨境电子商务(Cross-border Electronic Commerce)简称跨境电商,是指分属不同关境的交易主体,通过电子商务平台达成交易、进行支付结算,并通过跨境物流送达商品、完成交易的一种国际商业活动。

跨境电子商务就是把传统的国际贸易加以网络化、电子化的新型贸易方式,涉及在线通关、检验检疫、退税、结汇等基础信息标准和接口规范,实现海关、国检、国税、外管等部门与电子商务企业、物流配套企业之间的标准化信息流通,打破了国家与地区间的交易壁垒。

二、跨境电子商务的分类

按照进出口的方向不同,跨境电子商务可以分为进口跨境电商和出口跨境电商两类。

进口跨境电商:海外卖家将商品直销给国内卖家,主要有天猫国际、京东全球购、网易考拉海购、唯品会全球特卖等网站。

出口跨境电商:国内卖家将商品直销给境外的买家,一般是国外买家访问国内商家的网店,然后下单购买,并完成支付,由国内的卖家发国际物流至国外买家。主要有速卖通(阿里巴巴国际版)、敦煌网、兰亭集势、Wish平台等网站。

按照海关监管方式的不同,又可主要分为一般跨境电子商务和保税跨境电子商务。而一般跨境电子商务主要用于一般进出口货物,大多是小额进出口货物,保税跨境电子商务主要是用于保税进出口货物,二者在通关手续等方面有明显不同。

按照交易模式的不同,分为跨境零售 B2C(Business to Customer)、C2C(Customer to Customer)和跨境批发 B2B(Business to Business)两种模式。

跨境批发也就是跨境 B2B 是指分属不同关境的企业对企业,通过电商平台达成交易、进行支付结算,并通过跨境物流送达商品、完成交易的一种国际商业活动。

三、中国跨境电子商务的发展现状

1. 跨境电商交易规模高速增长

由于中国跨境电商整体发展环境向好,受国内消费升级趋势及国家注重进出口贸易发展影响,再加上国际物流及供应链技术不断发展,跨境电商市场近年发展迅速,呈现出高速增长。增速达到30%以上,跨境电商规模占外贸总额比重越来越大,发展潜力巨大。

2. 受到政府的高度重视

我国政府对于跨境电子商务的发展非常重视。一是政府将跨境电商视为制造经济新的增长点的一个重要方式。二是关于跨境电商的一系列政策措施将会逐步落地,为支持跨境电商的发展营造一个良好的环境。三是跨境电商试点在全国范围不断拓展,成为之后发展可借鉴的成熟经验。第一批跨境电商试点城市有上海、重庆、杭州、宁波、郑州五个城市。

3. 提升国内消费者福利水平

我国居民收入在逐步提高,跨境电商能更好地满足国内居民对更高品质生活的需求,这样就能够以消费升级引领产业升级。跨境电商进口以扁平化的线上交易模式使中间多个环节减少,海外产品的价格下降。我国通过引入品质较优的海外产品培育国内市场,使国内市场的产品得到优化提升,也使产品多样化,国内消费者有了更多的选择,最终使国内消费者获得满足,大大提升了国内消费者的福利水平与幸福感,也增强了消费者对跨境电商的信任度与满意感,实现双赢。

案例8-5

2018年6月8日,全球拥有超过10 000家商店的欧洲领先连锁超市历德(Lidl)与网易考拉在杭州举行签约暨海外旗舰店开业仪式。历德的到来,标志着网易考拉几乎囊括了欧洲主要的知名商超品牌,产品品类涵盖日用百货到高端消费品,为考拉用户提供了堪比欧洲当地的高口碑、高性价比商品。

试分析:此举给国内市场带来了什么样的影响?

【案例分析】

这标志着国内的居民可以很容易地就买到来自海外的品牌,极大地方便了国民的消费,让大家有了更多的选择,使国内消费者得到了满足,也促成了跨境电商交易的成交额的增加,同时也给国家带来了税收收入,实现了消费者、电商平台和国家的共赢。

任务实施

将学生进行分组,4～5名学生一组,完成下列任务:

第1步 了解跨境电商的概念、分类及国内的发展现状。

第2步 上网搜索跨境电商相关的论坛、网站,自学跨境电商的相关内容,完成后在下表中打"√"。

学习内容	完成情况
最新的行业相关政策	
跨境行业发展的最新数据	
各国跨境电商发展情况	
行业最新新闻资讯	

第3步 深入调研国内的跨境电商平台,选取三家平台进行对比,填写下表:

平台名称	平台简介	发展历程	平台盈利模式	平台主营业务	平台优缺点

第 4 步　进行头脑风暴,列举在选取跨境电商平台时要考虑的因素。

第 5 步　根据以上学习的内容,完成小组研究,以 PPT 的形式展示小组关于"美美服装有限公司跨境电商业务开展模式分析"的学习成果,并派代表进行 5 分钟的演讲。

第 6 步　帮助美美服装有限公司选取一家跨境电商平台,并说明原因。

第 7 步　通过任务,正在学习的你可以汲取什么经验?

层面	回答
职业素养方面的经验	
职业技能方面的积累	

巩固提高

一、单项选择题

1. 以下不属于跨境电商分类的是(　　)。
　A. 售后服务　　　B. 出口跨境　　　C. 跨境零售　　　D. 保税跨境

2. 跨境零售的英文缩写是(　　)。
　A. B2B　　　　　B. B2C　　　　　C. C2C　　　　　D. C2M

3. 下列不属于跨境电商发展现状的是(　　)。
　A. 受到政府的高度重视　　　　　B. 整合分销趋势平稳
　C. 提升国内消费者福利水平　　　D. 规模高速增长

4. 跨境批发是(　　)。
　A. 跨境 B2C　　B. 跨境 B2B　　C. 跨境 C2M　　D. 跨境 C2C

5. 一般跨境和保税跨境的主要区别是（　　）。
A. 交易货品　　　B. 交易方式　　　C. 通关手续　　　D. 交易对象

二、多项选择题

1. 以下哪些是第一批跨境电商的试点城市（　　）。
A. 上海　　　B. 重庆　　　C. 杭州　　　D. 大连
2. 以下属于出口跨境电商网站的是（　　）。
A. 速卖通（阿里巴巴国际版）　　　B. 京东全球购
C. 敦煌网　　　　　　　　　　　D. Wish 平台

三、判断题

1. 网易考拉海购是出口跨境电商。（　　）
2. 按照海关监管方式的不同，跨境电商可分为一般跨境电子商务和保税跨境电子商务。（　　）
3. 跨境电子商务打破了国家之间的交易壁垒。（　　）

任务四　了解国际贸易的新业态发展

任务描述

党的十八大以来，以习近平同志为核心的党中央高度重视外贸新业态新模式的创新发展。习近平总书记 2020 年 11 月 4 日强调，我国将推动跨境电商等新业态新模式加快发展，培育外贸新动能。国务院办公厅 2021 年 7 月 9 日印发《关于加快发展外贸新业态新模式的意见》，对跨境电商、海外仓等六种新业态新模式提出多重支持举措，外贸新业态新模式再次迎来重大利好。人民日报就该意见发表了名为《跨境电商保持强劲增长、海外仓成为重要平台、市场采购贸易方式快速发展——加快发展外贸新业态新模式》的文章，你作为一个国际贸易专业的学生，看到了这篇文章，请就该文章进行分析。

任务准备

一、什么是国际贸易的新业态

1. 历史与内涵

（1）国际贸易新业态新模式不断涌现；
（2）规模迅速扩大且带动能力增长；
（3）制度、管理和服务创新取得突破；
（4）全球影响力不断提升。

2. 总体要求

（1）深化国际贸易领域的"放管服"改革，推动国际贸易领域制度创新、管理创新、服务创新和模式创新，促进国际贸易新业态健康持续创新发展。

(2)计划到2025年,我国国际贸易新业态新模式发展的体制机制和政策体系更为完善。到2035年,国际贸易新业态新模式发展水平位居创新型国家前列。

二、国际贸易的新业态发展与特点

(1)技术新:对大数据、人工智能、云计算等技术的运用促进贸易的效率提升。
(2)主体新:涌现越来越多的企业,尤其是中小型企业的参与度提升,主体更趋向多元化。
(3)商品新:小批量、多批次商品走出国门,打造爆款产品、畅销品,零售进口满足国内需求。
(4)监管新:报关、报检、收结汇、退税带动政策创新与复制推广。

三、为什么发展国际贸易新业态

从历史看,业态模式创新是推动外贸发展的重要动力。从作用看,业态模式创新拓展了外贸发展空间。从功能看,业态模式创新带动产业转型升级和高质量发展。从规则看,业态模式创新带动贸易流程优化和监管创新。

四、新业态发展展望

(1)优化国际国内市场布局。支持外贸领域的线上综合服务平台、数字化公共服务平台等建设。鼓励电信企业为外贸企业开展数字化营销提供国际互联网数据专用通道。完善国际邮件互换局(交换站)和国际快件处理中心布局。开行中欧班列专列,满足外贸新业态新模式发展运输需要。

(2)加强国际交流。积极参与世贸组织多双边谈判,推动形成电子签名、电子合同、电子单证等方面的国际标准。加强知识产权保护、跨国物流等领域国际合作,参与外贸新业态新模式的国际规则和标准制定。加强与有关国家在相关领域政府间合作,推动双向开放。大力发展丝路电商,加强"一带一路"经贸合作。推动我国外贸新业态新模式与国外流通业衔接连通。鼓励各地方、各试点单位、各企业开展国际交流合作。

(3)落实财税政策。充分发挥外经贸发展专项资金、服务贸易创新发展引导基金作用,引导社会资本以基金方式支持外贸新业态新模式发展。积极探索实施促进外贸新业态新模式发展的税收征管和服务措施,优化相关税收环境。支持外贸新业态新模式企业适用无纸化方式申报退税。对经认定为高新技术企业的外贸新业态新模式企业,可按规定享受高新技术企业所得税优惠政策。

到2025年,我国外贸新业态新模式发展的体制机制和政策体系将会更为完善。到2035年,外贸新业态新模式发展水平位居创新型国家前列。

(4)维护良好国际贸易秩序。加强反垄断和反不正当竞争规制,着力预防和制止国际贸易新业态领域垄断和不正当竞争行为,保护公平竞争,防止资本无序扩张。探索建立国际贸易新业态新模式企业评价体系,鼓励建立重要产品追溯体系。支持制定国际贸易新业态领域的国家、行业和地方标准,鼓励行业制定相关标准。

(5)加强行业组织建设和专业人才培养。鼓励高校、职业院校设置相关新型专业,引导校企合作,培养符合国际贸易新业态新模式发展需要的管理人才和高素质技能型人才。

五、如何加快发展国际贸易新业态新模式

(1)积极支持运用新技术新工具赋能外贸发展。推广数字智能技术应用。完善跨境电商发展支持政策,扩大跨境电子商务综合试验区试点范围。培育一批优秀海外仓企业,鼓励传统外贸企业、跨境电商和物流企业等参与海外仓建设。完善覆盖全球的海外仓网络,提高海外仓数字化、智能化水平,促进中小微企业借船出海,带动国内品牌、双创产品拓展国际市场空间。

(2)持续推动传统外贸转型升级。提升传统外贸数字化水平,支持中小微企业创业创新。优化市场采购贸易方式政策框架,提升市场采购贸易方式便利化水平。支持各试点区域因地制宜探索创新,更好发挥示范引领作用。

(3)深入推进外贸服务向专业细分领域发展。进一步支持外贸综合服务企业健康发展。提升保税维修业务发展水平,支持综合保税区、自贸试验区内企业开展保税维修。支持有条件的地方发展离岸贸易。支持外贸细分服务平台发展壮大,鼓励外贸企业自建独立站。

(4)优化政策保障体系。创新监管方式,引入"沙盒监管"模式,推动部门间数据对接。落实财税政策,优化相关税收环境。加大金融支持力度,加大出口信用保险对海外仓等外贸新业态新模式的支持力度。便捷贸易支付结算管理,深化贸易外汇收支便利化试点。

(5)营造良好环境。维护良好外贸秩序,探索建立信用评价体系,保护公平竞争。推进新型外贸基础设施建设。加强行业组织建设和专业人才培育。深化国际交流合作,积极参与外贸新业态新模式的国际规则和标准制定,加强知识产权保护、跨国物流等领域国际合作。

案例8-6

2015年上半年,天猫国际积极开展跨境进口模式创新,吸引海外品牌方直接入驻平台,保证了消费者长期享受多品种、多品牌的全球直供、全球直采、全球同价。亚马逊中国上线"海外购·闪购"项目,甄选海外购中的畅销单品,预先进口备货至保税仓,并通过中国国内物流直接发运,平均3天可送达买家手中。闪购类似于保税仓模式,唯品会、京东、聚美优品等国内电商企业都已开展此业务。今后,我国政府要继续进行政策创新,促进跨境电子商务直购进口、保税备货、闪购等新业态发展,满足消费者的个性化需求并提高我国跨境电子商务的发展质量。

试分析:闪购模式这种新业态对国际贸易的发展起着什么样的作用?

【案例分析】

首先,对于消费者来说,将一些畅销产品,预先进口备货至保税仓,当有人下单购买后,在保税区出库、缴纳税费,由国内物流发货,在很短的时间内就送到买家手里,极大地方便了消费者;其次,对于海外品牌方,将货物放到保税仓,不用预先缴税,直到货物卖出去后才需要缴税,资金不用积压;最后,吸引更多的品牌方入驻天猫国际、唯品会、京东等平台,平台能赚取更多的钱。实现三方共赢。

任务实施

将学生进行分组,4~5名学生一组,完成下列任务:

第1步　上网搜索《关于加快发展外贸新业态新模式的意见》和人民日报《跨境电商保持强劲增长、海外仓成为重要平台、市场采购贸易方式快速发展——加快发展外贸新业态新模式》的文章,小组同学一起进行阅读。

第2步　就这两篇文章进行讨论,这些新技术工具是怎样帮助国际贸易发展的?

第3步　跨境电商是国际贸易新业态新模式之一,跨境电商的发展有哪些新特点?

第4步　作为国际贸易或国际贸易相关专业的学生,你认为在这些新业态和新模式下你应该怎么做?

第5步　通过任务,正在学习的你可以汲取什么经验?

层面	回答
职业素养方面的经验	
职业技能方面的积累	

巩固提高

一、单项选择题

1.以下不属于新业态发展特点的是(　　)。
   A.主体新　　　　B.技术新　　　　C.监管新　　　　D.人员新

2.以下不属于加强国际交流的是(　　)。
   A.参与世贸组织多双边谈判
   B.大力发展丝路电商,加强"一带一路"经贸合作
   C.参与外贸新业态新模式的国际规则和标准制定
   D.发展专项资金

3.以下不属于国际贸易新业态的监管新的是(　　)。

A. 报关   B. 报检   C. 合同   D. 退税

4. 到 2035 年我国国际贸易新业态发展的目标是(　　)。

A. 发展水平位居创新型国家前列

B. 发展机制完善

C. 政策体系完善

D. 与多国进行长远合作

5. 以下不属于新业态发展展望的是(　　)。

A. 培养专业人才   B. 维护贸易秩序

C. 加强国际交流   D. 加强国内稳定

二、多项选择题

1. 以下属于新业态历史和内涵的是(　　)。

A. 规模迅速扩大   B. 全球影响力不断提升

C. 新模式不断涌现   D. 制度、管理和服务创新取得突破

2. 以下属于维护良好国际贸易秩序的是(　　)。

A. 加强反垄断和反不正当竞争规制

B. 制定国际贸易新业态领域的国家、行业和地方标准

C. 探索建立国际贸易新业态新模式企业评价体系

D. 优化相关税收环境

三、判断题

1. 计划到 2035 年，我国国际贸易新业态新模式发展的体制机制和政策体系更为完善。(　　)

2. 优化国际国内的市场布局就是要支持外贸领域的线上综合服务平台建设。(　　)

3. "一带一路"的经贸合作不属于国际交流。(　　)

4. 对经认定为高新技术企业的外贸新业态新模式企业，可按规定享受高新技术企业所得税优惠政策。(　　)

5. 从历史看，业态模式创新是推动外贸发展的重要动力。(　　)

四、素养提升

海外仓是跨境电商重要的境外节点，也是跨境电商时代物流业的大趋势。近几年，海外仓以其清关快、配送快、周转快、服务快和成本低等"四快一低"特有的优势异军突起，已经成为支撑跨境电商发展的新型外贸基础设施。在新冠疫情防控期间，海外仓优势更加凸显，发展更加迅猛。

2022 年 3 月 22 日，厦门斯巴特科技集团有限公司，申报出口的 1 000 余个箱包，被厦门海关快速验放，确保该批货物第一时间运往"海外仓"。"'海外仓'的设立，不仅提高了配送时效，还减少了转运流程，快递破损丢包率大大下降，购物体验明显提升，极大促进了消费者二次购买。"厦门斯巴特科技集团有限公司苏经理对"海外仓"的设立赞不绝口。该公司主营箱包业务，于 2020 年 10 月在厦门海关备案海外仓模式，目前在全球各地拥有 20 个"海外仓"，2021 年销售额达 300 万美元。

作为全国最早一批开展跨境电商出口"海外仓"监管试点的直属海关，厦门海关积极鼓励符合条件的企业参与试点，精心辅导企业完成注册登记。设置专人专岗全程对接试点企业，确保

"一次登记、一点对接、简化申报、优先查验、允许转关、退货便利"等便利化措施落实到位。

为让更多企业了解"海外仓"的业务优势,厦门海关积极联合地方商务部门,在辖区内4个城市开展全覆盖式政策宣讲,这一努力也取得了显著的成效,目前厦门关区已有140家企业在全球17个国家(地区)建设"海外仓",总面积超过100万平方米。

位于中国(福建)自由贸易试验区厦门片区的厦门艺恒跨境电商有限公司是一家专门开展跨境电商业务的公司,2022年3月刚刚办完了公司首家海外仓的海关备案手续,公司相关负责人说:"海外仓采用传统的外贸物流方式,大大降低了物流成本,扣除仓储费用,利润率将有显著提升。"

厦门自贸片区管委会协同厦门海关积极支持企业搭建国际物流网络,加强跨境电商转关联系配合,支持拓展转关线路和空中货运航线,充分发挥中欧(厦门)班列、海运快船等物流优势,吸引福建省及周边货源通过厦门关区出境。2021年,厦门海关监管出口海外仓货物货值10.5亿元,同比增长611.9%。

问题:

1. "海外仓"的好处有哪些?
2. 为了支持"海外仓"模式,厦门海关都做了哪些努力?

项目九 合同和信用证的阅读与修改

【项目目标】

知识目标：
1. 认识信用证的概念及使用流程。
2. 掌握阅读、审核、修改信用证的方法。

技能目标：
1. 能根据合同审核信用证，并列出相关不符点。
2. 能根据需修改的不符点拟写改证函。

情感目标：
1. 不同国家的商人有各自的生意性格和文化，掌握并尊重不同国家的客户习惯，才能更利于维持客户关系。
2. 做事细心认真，以免在审核信用证、制作单据等时出错而造成公司不必要的损失。

任务一 阅读英文合同和信用证主要条款

作为外贸工作者，我们必须要会阅读合同和信用证的主要条款。

任务描述

张强是一家小外贸企业的老板，与外商一直是用电汇方式结汇。最近他接到一份购买意向书，结汇方式是信用证。他并不熟悉这种结汇方式，只知道信用证是银行的信用，相对可靠。经过反复思考，最终他决定签下这份合同。10天后，他收到了国外银行开来的信用证，内容如下。这期间，他通过学习了解了信用证的有关知识，收到来证后开始着手进行阅读审核。请帮助他一起阅读合同和信用证。

销售合同
SALES CONTRACT

Contract NO.：A15420
Date：Apr. 20，2020
Signed at：GUANGZHOU

Sellers：GUANGZHOU TOOL IMPORT&EXPORT CO.，LTD Tel：020-66656156
Address：31，XIAOBEI ROAD GUANGZHOU，CHINA   Fax：020-66656155

Buyers: ABC CO. ,LTD Tel:024-4536-2453
Address: TARRAGONA75-3ER,BARCELONA,SPAIN Fax:024-4536-2452

This contract is made by and between the sellers and buyers ,whereby the sellers agree to sell and the buyers agree to buy the under-mentioned goods according to the conditions stipulated below.

(1)货号、品名及规格 Name of commodity and specifications	(2)数量 Quantity	(3)单价 Unit price	(4)金额 Amount
HAND TOOLS (Combination Spanner)	1 600 SETS	CFR BARCELONA USD 5.50	USD 8 800.00
Total amount	1 600 SETS		USD 8 800.00

Packing: Packed in 1 plastic carton of 100 sets each;
Delivery From GUANGZHOU,CHINA To BARCELONA,SPAIN(巴塞罗那)
Shipping marks: ABC
                  BARCELONA
                  NO. 1-UP
Time of Shipment: Last Date of June10,2020
Partial Shipment: Not Allowed
Transshipment: Allowed
Term of Payment: By 100% Confirmed Irrevocable Letter of Credit to be available at 30 days after sight draft to be opened by the sellers . L/C must mention this contract number. L/C advised by BANK OF CHINA, GUANGDONG BRANCH. All banking charges outside China (the mainland of China) are for account Drawee.

The Seller: GUANGZHOU TOOL IMPORT & EXPORT CO. ,LTD
The Buyer: ABC CO. ,LTD

信用证资料:
FROM: BANCA INTESA BANK ANDORRA LA VELLA, ANDORRA
TO: BANK OF CHINA,GUANGDONG BRANCH
SEQUENCE OF TOTAL   *27:1/1
FORM OF DOC. CREDIT   *40A:REVOCABLE
DOC. CREDIT NUMBER   *20:31173
DATE OF ISSUE   31C:200501

EXPIRY	*31D: DATE 200630 PLACE CHINA
APPLICANT	*50: ABC CO.,LTD
	TARRAGONA75-3ER BARCELONA, SPAIN
ISSUING BANK	52A: BANCA INTESA BANK
	ANDORRA LA VELLA, ANDORRA
BENEFICIARY	*59: GUANGZHOU TOOL IMPORT & EXPORT CO., LTD
	31, XIAOBEI ROAD, GUANGZHOU, CHINA
AMOUNT	*32B: CURRENCY EUR AMOUNT 8 800.00
AVAILABLE WITH /BY	*41D: ANY BANK IN CHINA BY NEGOTIATION
DRAFTS AT...	42C: DRAFTS AT SIGHT ON US FOR FULL INVOICE VALUE
DRAWEE	41A: BANCA INTESA BANK
	ANDORRA LA VELLA, ANDORRA
PARTIAL SHIPMENT	43P: ALLOWED
TRANSSHIPMENT	43T: NOT ALLOWED
LOADING IN CHARGE	44A: GUANGZHOU
FOR TRANSPORTATION TO	44B: BARCELONA (SPAIN)
LATEST DATE OF SHIPMENT	44C: 050610
DESCRIPTION OF GOODS	45A: 1 600 SETS HAND TOOLS
	USD5.50 PER SET CFR BARCELONA
DOCUMENTS REQUIRED	46A: + SIGNED COMMERCIAL INVOICE IN 3 COPIES
	+ FULL SET OF CLEAN ON BOARD OCEAN BILLS OF LADING MADE TO ORDER, ENDORSED IN BLANK, MARKED FREIGHT COLLECT AND NOTIFY APPLICANT
	+ MARINE INSURANCE POLICY OR CERTIFICATE IN DUPLICATE, ENDORSE IN BLANK, FOR FULL INVOICE VALUE PLUS 10 PERCENT, COVERING ALL RISKS AND WAR RISKS CLAIM PAYABLE IN BARCELONA
	+ PACKING LIST IN THREE COPIES
	+CERTIFICATE OF ORIGIN
	+ BENEFICIARY'S CERTIFICATE CERTIFYING THAT EACH COPY OF SHIPPING DOCUMENTS HAS BEEN

	FAXED TO THE APPLICANT WITHIN 3 WORKING DAYS AFTER SHIPMENT
ADDITIONAL CONDITIONS	47A：+ALL DOCUMENTS MUST INDICATE THIS CREDIT NUMBER
CHARGES	71B：ALL BANKING CHARGES OUTSIDE SPAIN ARE FOR ACCOUNT OF BENEFICIARY
PERIOD FOR PRESENTATION	48：DOCUMENTS MUST BE PRESENTED WITHIN 15 DAYS AFTER THE DATE OF SHIPMENT BUT WITHIN THE VALIDITY OF THE CREDIT
CONFIRMATION	49：WITHOUT

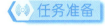 任务准备

一、信用证和合同的阅读

不同银行开立的信用证格式不同，但基本内容大致相同。普通电文由项目名称和内容组成，SWIFT电文比普通电文多了数字代号。由于SWIFT具有安全度高、费用较低、业务处理快捷等优点，目前使用率更高。

SWIFT是"Society for Worldwide Interbank Financial Telecommunications"（环球银行金融电信协会）的简称。该组织于1973年在比利时成立，协会已有209个国家的9000多家银行、证券机构和企业客户参加，通过自动化国际金融电信网办理成员银行间资金调拨、汇款结算、开立信用证、信用证项下的汇票和托收等业务。我国的中国银行于1983年加入SWIFT，是SWIFT组织的第1034家成员行，并于1985年5月正式开通使用，成为我国与国际金融标准接轨的重要里程碑。之后，我国的各国有商业银行及上海和深圳的证券交易所，也先后加入SWIFT。

信用证的内容大体可分为几个部分，下面将以一份信用证进行中英对照说明：

1. 对信用证本身的说明

主要包括信用证的类型（Form of Documentary Credit）、信用证的编号（Documentary Credit Number）、开证银行（Issuing Bank）、开证日期（Date of Issue）、到期日和到期地点（Date and Place of Expiry）、信用证金额（Amount）、信用证指定银行和兑用方式（Available with/by）、相关当事人资料等内容：

FORM OF DOC. CREDIT *40 A：IRREVOCABLE	信用证种类：不可撤销信用证
DOC. CREDIT NUMBER *20：31173	信用证号码：31173
DATE OF ISSUE *31C：200501	开证日期：2020年5月1日
EXPIRY *31D：DATE 200630 PLACE CHINA	到期时间：2020年6月30日，地点中国

APPLICANT *50：ABC CO.,LTD TARRAGONA75-3ER BARCELONA, SPAIN	开证申请人：ABC CO.,LTD
ISSUING BANK 52A：BANCA INTESA BANK ANDORRA LA VELLA, ANDORRA	开证银行：BANCA INTESA BANK
BENEFICIARY *59：GUANGZHOU TOOL IMPORT & EXPORT CO., LTD 31, XIAOBEI ROAD, GUANGZHOU, CHINA	受益人：GUANGZHOU TOOL IMPORT & EXPORT CO., LTD
AMOUNT *32B：CURRENCY USD AMOUNT 8 800.00	金额：货币为美元，数额为 8 800.00
AVAILABLE WITH/BY *41D：ANY BANK IN CHINA BY NEGOTIATION	指定银行及信用证兑用方式：中国任何一家银行，议付有效

2. 对汇票的说明

汇票条款通常包括对汇票的填写或使用要求，如出票人(Drawer)、付款人(Drawee,或用 on 表示)、汇票金额(Draft Amount)、汇票期限(Tenor)、出票条款(Drawn Clause)等：

DRAFTS AT… 42C：DRAFTS AT SIGHT ON US FOR FULL INVOICE VALUE	汇票为即期，付款人为开证行，汇票金额为100%发票金额

3. 对货物的说明

一般包括货物名称和规格、数量、单价、包装、贸易术语等：

DESCRIPTION OF GOODS 45A：1 600 SETS HAND TOOLS USD5.50 PER SET CFR BARCELONA	商品描述：1 600套手工工具 单价为每套 5.50 美元 贸易术语是 CFR BARCELONA

4. 对运输资料的说明

一般包括装运港(Port of Loading)、目的港(Port of Destination)、装运期(Latest Date of Shipment)、分批装运和转船规定(Partial Shipment and Transshipment)：

PARTIAL SHIPMENT 43P：ALLOWED	分批装运：允许
TRANSSHIPMENT 43T：NOT ALLOWED	转运：不允许
LOADING IN CHARGE 44A：GUANGZHOU	装运港：中国，广州
FOR TRANSPORTATION TO 44B：BARCELONA (SPAIN)	目的港：西班牙，巴塞罗那
LATEST DATE OF SHIPMENT. 44C：200610	最迟装运日期：2020年6月10日

5. 对单据的说明

信用证项下要求提交的单据通常有商业发票(Commercial Invoice)、提单(Bills of Lading)、保险单或保险凭证(Insurance Policy/Certificate)、汇票(Draft 或 Bill of Exchange)、原产地证书(Certificate of Origin)、检验证书(Inspection Certificate)、受益人证明(Beneficiary's Certificate)、装箱单(Packing List)等。除了单据的种类外,有可能还会写明单据的份数及单据的具体填制要求:

DOCUMENTS REQUIRED 46A:	单据要求:
+SIGNED COMMERCIAL INVOICE IN 3 COPIES.	+已签署商业发票,3份副本
+FULL SET OF CLEAN ON BOARD OCEAN BILLS OF LADING MADE TO ORDER, ENDORSED IN BLANK, MARKED FREIGHT COLLECT AND NOTIFY APPLICANT	+全套海运提单,以托运人指示为抬头,空白背书,标明运费待收,通知开证申请人
+MARINE INSURANCE POLICY OR CERTIFICATE IN DUPLICATE,ENDORSE IN BLANK,FOR FULL INVOICE VALUE PLUS 10 PERCENT ,COVERING ALL RISKS AND WAR RISKS CLAIM PAYABLE IN BARCELONA	+保险单或保险凭证,一式两份,空白背书,保险金额为发票金额的110%,投保险别为一切险和战争险,赔款地点是巴塞罗那
+PACKING LIST IN THREE COPIES	+装箱单,一式三份
+CERTIFICATE OF ORIGIN	+原产地证书
+BENEFICIARY'S CERTIFICATE CERTIFYING THAT EACH COPY OF SHIPPING DOCUMENTS HAS BEEN FAXED TO THE APPLICANT WITHIN 3 WORKING DAYS AFTER SHIPMENT	+受益人证明书,证明在装船后的三个工作日内会把所有运输单据的复印件传真给开证申请人

6. 其他特殊条款

通常包括:一些附加条件或特别条款;开证行对议付行的指示,如背批议付金额条款、索汇方法、寄单方法等;开证行付款保证;适用惯例条款等。

ADDITIONAL CONDITIONS 47A:	附加条件:
+ALL DOCUMENTS MUST INDICATE THIS CREDIT NUMBER	所有单据都必须标明信用证号码

PRESENTATION PERIOD　　　　48： DRAFTS AND DOCUMENTS MUST BE PRESENTED TO THE NEGOTIATING BANK OR DRAWER BANK WITHIN TWENTY－ONE DAYS AFTER THE DATE OF ISSUANCE OF TRANSPORT DOCUMENTS BUT WHITIN THE VALIDITY OF THE CREDIT	交单期限： 汇票及其他单据必须在运输单据签发日期后21天内,同时也要求在信用证有效期内呈交议付行或开证行。
CHARGES　　　　71B： ALL BANKING CHARGES OUTSIDE SPAIN ARE FOR ACCOUNT OF BENEFICIARY	费用： 西班牙之外的所有银行费用由受益人承担
CONFIRMATION　　　　49：WITHOUT	保兑指示:无保兑

二、信用证分析单

部分企业要求业务员或单证员在收到信用证后要填写信用证分析单,把信用证的内容整理成中文,方便审核。信用证分析单只供内部使用,各公司有自己的格式,填写也很简单,把信用证中相关内容填入空格内即可,此处不再赘述。信用证分析单样单如表9-1所示。

表9-1　信用证分析单样单

信用证号码		开证日		开证行	
通知行		保兑行		议付行	
申请人		受益人		合同号码	
信用证金额	最高限额规定	有效期		到期地	
付款方式	货币	货物允许增减幅度		金额允许增减幅度	
是否需要提交汇票	汇票付款人	汇票付款期限		汇票金额	
装运港	目的港	可否转运		可否分批	
装运期限	运输标志			交单期	

续表

货物描述								
单据名称	提交银行份数	信用证项下单据条款的证明文句						
发票								
装箱单								
提单		抬头		通知		背书		证明文句
保单		加成		险别		赔付规定		证明文句
商会产地证								
FORM A								
商检证								
寄单证明								
其他证明								
所有单据必须注明内容								

任务实施

第1步 阅读任务描述中的合同,了解此次交易的相关信息。
第2步 阅读信用证,在信用证的每个条款旁边直接进行翻译。
第3步 根据第1步所找出的相关信息点,填写信用证分析单。
第4步 对在完成本环节任务中遇到的困难及解决情况进行总结。

层面	回答
职业素养方面的经验	
职业技能方面的积累	

拓展提升

题目名称:信用证的阅读。
基本要求:根据信用证内容填写信用证分析单。
信用证内容:

FROM:	KOREA DEVELOPMENT BANK
TO:	BANK OF CHINA,GUANGZHOU BRANCH
FORM OF DOC. CREDIT	*40 A:IRREVOCABLE
DOC. CREDIT NUMBER	*20:IM95614
DATE OF ISSUE	31C:200310
EXPIRY	*31D:DATE 200506 PLACE CHINA
APPLICANT	*50:BABE COMPANY LTD
	14-16F,KCCI BLDG 45,NAMDAEMUN-RO KOREA
BENEFICIARY	*59:GUANGZHOU MINGTONG IMP. AND EXP. CORP(GROUP)
	720 DONGFENG ROAD,GUANGZHOU,CHINA
AMOUNT	*32B:CURRENCY USD AMOUNT 33 600.00
AVAILABLE WITH/BY	*41D:AVAILABLE WITH US BY DEFERRED PAYMENT AT 30 DAYS SIGHT FOR FULL INVOICE VALUE AGAINST THE BENEFICIARY'S DOCUMENTS
PARTIAL SHIPMENT	43P:ALLOWED
TRANSSHIPMENT	43T:ALLOWED
LOADING IN CHARGE	44A:ANY PORT,CHINA
FOR TRANSPORTATION TO	44B:PUSAN
LATEST DATE OF SHIPMENT.	44C:200420
DESCRIPTION. OF GOODS	45A:
	FOOTBALL,ART NO.FB268
	5 600PIECES,
	UNIT PRICE:USD6.00/PC
DOCUMENTS REQUIRED	46A:
	+SIGNED COMMERCIAL INVOICE IN TRIPLICATE.
	+FULL SET OF CLEAN ON BOARD OCEAN BILLS OF LADING MADE OUT TO ORDER MARKED "FREIGHT PREPAID" AND NOTIFY APPLICANT
	+GSP CERTIFICATE OF ORIGIN FORM A
	+PACKING LIST IN TRIPLICATE

	+INSURANCE POLICY FOR AT 110 PCT OF THE CIF VALUE, MARKED PREMIUM PAID, SHOWING CLAIM PAYABLE IN KOREA, INCLUDING ALL RISKS AND WAR RISKS
ADDITIONAL CONDITIONS.	47A: +ALL DOCUMENTS INDICATE THIS L/C NUMBER +BOTH QUANTITY AND CREDIT AMOUNT 5% MORE OR LESS ARE ALLOWED.
PRESENTATION PERIOD	48: DOCUMENTS TO BE PRESENTED WITHIN 21 DAYS AFTER THE DATE OF SHIPMENT, BUT WITHIN THE VALIDITY OF THE CREDIT
DETAILS OF CHARGES	71B: ALL BANKING CHARGES AND EXPENSES OUTSIDE THE ISSUING BANK ARE FOR BENEFICIARY'S ACCOUNT

信用证号码		开证日		开证行		
通知行		保兑行		议付行		
申请人		受益人		合同号码		
信用证金额		最高限额规定		有效期		到期地		
付款方式	货币		货物允许增减幅度		金额允许增减幅度		
是否需要提交汇票	汇票付款人		汇票付款期限		汇票金额		
装运港	目的港		可否转运		可否分批		
装运期限	运输标志				交单期		
货物描述						
单据名称	提交银行份数	信用证项下单据条款的证明文句				
发票						
装箱单						
提单		抬头	通知	背书	证明文句	
保单		加成	险别	赔付规定	证明文句	

续表

商会产地证	
FORM A	
商检证	
寄单证明	
其他证明	
所有单据必须注明内容	

巩固提高

请阅读以下信用证,完成信用证分析单。

```
FROM:                      OVERSEAS UNION BANK LTD., SINGAPORE
TO:                        BANK OF CHINA, GUANGDONG BRANCH
FORM OF DOC. CREDIT        *40A: IRREVOCABLE
DOC. CREDIT NUMBER         *20: KHL02-22457
DATE OF ISSUE              31C: MAY 05,2015
EXPIRY                     *31D: DATE JULY16,2015    PLACE CHINA
APPLICANT                  *50: KWONG FOO YOUNG CO., LTD
                           34 JALAP STREET,50050 SINGAPORE
BENEFICIARY                *59: HUADA TRADE DEVELOPMENT CO.,LTD
                           168 DEZHENG ROAD SOUTH, GUANGZHOU, CHINA
AMOUNT                     *32B: USD 38 400.00
AVAILABLE WITH/BY          *41D: ANY BANK BY NEGOTIATION
DRAFTS AT...                42C: DRAFTS AT SIGHT ON US FOR FULL
                                 INVOICE VALUE
PARTIAL SHIPMENT           43P: NOT ALLOWED
TRANSSHIPMENT              43T: ALLOWED
LOADING IN CHARGE          44A: GUANGZHOU
FOR TRANSPORTATION TO      44B: SINGAPORE
LATEST DATE OF SHIPMENT    44C: JULY 16,2015
DESCRIPTION OF GOODS       45A: 9 600PCS OF TOYS
                                UNIT PRICE: USD4.00/PC,CIF SINGAPORE
                                PACKING: 12PCS/CTN
DOCUMENTS REQUIRED         46A:
```

	+SIGNED COMMERCIAL INVOICE IN THREE COPIES
	+CERTIFICATE OF ORIGIN IN ONE ORIGINAL
	+INSURANCE POLICY OR CERTIFICATE IN DUPLICATE, FOR 110 PERCENT OF THE INVOICE VALUE COVERING INSTITUTE CARGO CLAUSES(A) AND WAR RISKS, CLAIM PAYABLE IN SINGAPORE
	+CERTIFICATE OF QUANTITY IN ONE COPY
	+FULL SET OF CLEAN ON BOARD BILLS OF LADING MADE OUT TO ORDER, BLANK ENDORSED, MARKED "FREIGHT PREPAID", NOTIFY APPLICANT
	+PACKING LIST
ADDITIONAL CONDITIONS.	47A：+ALL DOCUMENTS MUST MENTION THIS CREDIT NUMBER
PRESENTATION PERIOD	48：DOCUMENTS TO BE PRESENTED WITHIN 10 DAYS AFTER ISSUANCE OF B/L BUT WITHIN THE VALIDITY OF THE CREDIT
CONFIRMATION INSTRUCTIONS	49：WITHOUT
DETAILS OF CHARGES	71B：ALL BANKING CHARGES OUTSIDE SINGAPORE ARE FOR THE ACCOUNT OF THE BENEFICIARY
INSTR TO PAYG/ACCPTG/NEGOTG BANK	78：UPON RECEIPT AND TAKING UP OF DOCUMENTS WE WILL REMIT THE PROCEED ACCORDING TO YOUR INSTRUCTIONS

信用证号码		开证日		开证行	
通知行		保兑行		议付行	
申请人		受益人		合同号码	
信用证金额	最高限额规定		有效期	到期地	
付款方式	货币		货物允许增减幅度	金额允许增减幅度	

续表

是否需要提交汇票	汇票付款人		汇票付款期限		汇票金额	
装运港	目的港		可否转运		可否分批	
装运期限	运输标志				交单期	
货物描述						
单据名称	提交银行份数	信用证项下单据条款的证明文句				
发票						
装箱单						
提单	抬头		通知		背书	证明文句
保单	加成		险别		赔付规定	证明文句
商会产地证						
FORM A						
商检证						
寄单证明						
其他证明						
所有单据必须注明内容						

任务二　审核信用证

在外贸业务中,应该如何审核信用证?

任务描述

任务一的任务描述中,提到张强通过学习了解了信用证的有关知识,收到来证后开始着手进行阅读并审核信用证。请帮助他一起审核信用证,找出与合同不相符的地方。

任务准备

从业务上看,信用证审核由通知行和受益人分别进行。通知行在收到开证行开出的信用证后主要负责审核开证行的资信、信用证性质和开证行的印鉴密押、付款责任等内容。出口公司在收到由通知行通知的信用证后,应根据证约相符原则和可操作性原则,对信用证内容进行全面、细致的审核。

一、对信用证本身的审核

1. 审核信用证的种类是否符合要求

出口商拿到信用证后首先要确保信用证是不可撤销信用证,同时,若合同规定开出的是保兑信用证或可转让信用证时,应检查信用证内是否有注明保兑行或可转让的字样和信息。

2. 审核信用证的有效性

按照国际贸易惯例,信用证应在送达受益人后即时生效。出口商尤其要注意信用证中是否存在软条款,即一些置出口商于不利地位的弹性条款,例如"This credit is operative only after buyer obtains the import license"(信用证在开证申请人获得进口许可证后才能生效)或"This letter of credit is not operative until we advise price, name of vessel, destination and final documentary requirements by way of amendment"(以信用证修改通知的形式,通知有关船名、目的港和最后单据的要求后,本信用证方能生效)。

3. 审核信用证开证申请人及受益人名称和地址是否完整和准确

信用证中当事人的信息应与合同上完全一致,包括字母的拼写及标点符号的使用都应认真检查,若存在差异,会对后期制单结汇带来不便。

4. 审核信用证的货币和金额

信用证金额及币种应与合同相一致,特别要注意当合同规定有溢短装条款时,信用证金额也应规定相对应的增减幅度。

5. 审核信用证的有效期和有效地点

根据 UCP 600 规定,信用证中必须规定有效期,没有规定到期日的信用证为无效信用证。同时,要注意信用证有效期的合理性,即该信用证到期日是否与装运期有一定的合理间隔(一般是 7~15 天),以保证受益人在装运后有足够的时间制单结汇。

信用证的到期地点一般规定在出口国。若规定在进口国或第三方国家,会对受益人交单不利,一般受益人不能接受。

二、对货物描述的审核

有的信用证中货物描述只有商品名称,但若信用证中包含品名、货号、规格、包装、合同号、单价、数量等内容,则应保证与合同一致。要特别注意数量是否存在溢短装条款。

三、对运输条款的审核

1. 审核装运港、目的港

信用证的信息应与合同一致,若信用证笼统地规定目的港为进口国任一港口,只需按合同或买方通知的港口发货即可,无须修改信用证。

2. 审核分批装运和转运条款

若信用证中无此规定,则理解为允许分批装运和允许转运。若信用证规定了转运港或分批装运的时间和数量,则应结合实际考虑是否能办到,如有困难,应修改信用证。

3. 审核装运期

信用证的装运期是一个需重点审核的地方,应与合同相符。如果存在不符,首先要确定自己是否能在信用证规定的有效期内备好货物并发运,若可以做到,则无须改证。

另外,若来证没有规定装运期,则可理解为双到期,即装运期与信用证的有效期相同。如果是这样,出口商应考虑装运后是否有足够的时间制单结汇。

任务实施

第1步 阅读任务一任务描述中的合同和信用证,用红笔或者其他颜色的笔在信用证上圈出不相符的地方。

第2步 小组讨论不符点是否有修改的必要,列出所有需要修改的条款。

第3步 对在完成本环节任务中遇到的困难及解决情况进行总结。

层面	回答
职业素养方面的经验	
职业技能方面的积累	

拓展提升

甲公司向丁国 A 公司买进生产灯泡的生产线。合同规定分批交货,分批开证,买方(甲公司)应于货到目的港后 60 天内进行复验,若与合同规定不符,甲公司凭所在国的商检证书向 A 公司索赔。甲公司按照合同规定,向银行申请开出首批货物的信用证。A 公司履行装船并凭合格单据向议付行议付,开证行也在单证相符的情况下对议付行偿付了款项。在第一批货物尚未到达目的港之前,第二批的开证日期临近,甲公司又向银行申请开出信用证。此时,首批货物抵达目的港,经检验发现货物与合同规定严重不符,甲公司当即通知开证行,称:"拒付第二次信用证项下的货款,并请听候指示。"然而,开证行在收到议付行寄来的第二批单据后,审核无误,再次偿付议付行。当开证行要求甲公司付款赎单时,该公司拒绝付款赎单。

试分析此案中:①开证银行和甲公司的处理是否合理?为什么?②甲公司应该如何处理此事?

巩固提高

1. 请简述信用证的审核原则。
2. 认真阅读以下合同和信用证资料,把信用证的不符点找出来。

合同资料:

惠州花园用品进出口有限公司
HUIZHOU GARDEN PRODUCTS IMP. AND EXP. CO., LTD.
27 ZHONGSHAN DONGYI ROAD, HUIDONG, GUANGDONG, CHINA
售 货 确 认 书
SALES CONFIRMATION

编号:No.: L10086
日期:20 Dec. 2020
地点:HUIZHOU, CHINA

卖方
Seller:
HUIZHOU GARDEN PRODUCTS IMP. AND EXP. CO., LTD.
27 ZHONGSHAN DONGYI ROAD, HUIZHOU, GUANGDONG, CHINA

买方
Buyer:
LAIKI PERAGORA ORPHANIDES LTD.,
020 STRATIGOU TIMAGIA AVE.,
6046, LARNAKA, CYPRUS

确认售与你方下列货物,其条款如下:
We hereby confirm having sold to you the following goods on terms and conditions as set forth below:

货号 Article No.	品名规格 Commodity and specifications	数量 Quantity	单价 Unit price	金额 Amount
	WOODEN FLOWER STANDS AND WOODEN FLOWER POTS		CFR LIMASSOL PORT, INCOTERMS 2010	
032	Flower pots	500PCS	USD5.00	USD2 500.00
007	Flower stands	400PCS	USD8.00	USD3 200.00
		900PCS		USD5 700.00

总金额:
TOTAL AMOUNT: SAY U. S. DOLLARS FIVE THOUSAND SEVEN HUNDRED ONLY.

数量及总值均有5%增减,由卖方决定。
WITH 5% MORE OR LESS IN QUANTITY AND AMOUNT ALLOWED AT SELLER'S OPTION.

包装:
PACKING:100PCS PER CARTON

唛头:N/M
SHIPPING MARK:AS PER SELLER'S OPTION.
起讫:
FROM SHENZHEN TO LIMASSOL BY SEA
交货日:
DELIVERY DATE:ON OR BEFORE 14 FEB. , 2021
支付条件:
PAYMENT TERMS: ☒ By Irrevocable Letter of Credit in favor of the seller and available by draft at sight remaining valid at seller's country 15 days after the B/L date allowing partial shipment and transshipment.

☐ By Collection

☐ T/T

☒ The L/C should arrive at beneficiary's country on or before 05 Jan. 2021.

保险:
INSURANCE: ☒ Covered by the buyer.

LAIKI PERAGORA ORPHANIDES LTD.　　　　HUIZHOU GARDEN PRODUCTS IMP. AND EXP. CO. , LTD.

信用证资料:

ISSUING BANK:	CYPRUS POPULAR BANK LTD. , LARNAKA
ADVISING BANK:	BANK OF CHINA, GUANGZHOU BRANCH.
SEQUENCE OF TOTAL	*27:1/1
FORM OF DOC. CREDIT	*40A:IRREVOCABLE
DOC. CREDIT NUMBER	*20:223/529
DATE OF ISSUE	31C:210105
EXPIRY	*31D:DATE210228 PLACE CHINA
APPLICANT	*50:LAIKI PERAGORA ORPHANIDES LTD. , 020 STRATIGOU TIMAGIA AVE. , 6046, LARNAKA, CYPRUS
BENEFICIARY	*59:HUIZHOU GARDEN PRODUCEIMP. AND EXP. CO. , LTD. 27 ZHONGSHAN DONGYI ROAD, HUIZHOU, GUANGDONG, CHINA
AMOUNT	*32B:CURRENCY USD AMOUNT 5 700.00
POS. / NEG. TOL. (%)	39A:05/05

AVAILABLE WITH/BY	*41D: ANY BANK BY NEGOTIATION
DRAFT AT ...	42C: AT SIGHT
DRAWEE	*42D: CYPRUS POPULAR BANK LTD. ,LARNAKA
PARTIAL SHIPMENTS	43P: NOT ALLOWED
TRANSSHIPMENT	43T: NOT ALLOWED
LOADING IN CHARGE	44A: SHENZHEN
FOR TRANSPORTATION TO...	44B: LIMASSOL
LATEST DATE OF SHIPMENT	44C: 210210
DESCRIPT. OF GOODS	45A:
	WOODEN FLOWER STANDS AND WOODEN FLOWER POTS AS PER S/C NO. L10066. CFR LIMASSOL PORT, INCOTERMS 2010
DOCUMENTS REQUIRED	46A:
	+COMMERCIAL INVOICE IN QUADRUPLICATE ALL STAMPED AND SIGNED BY BENEFICIARY CERTIFYING THAT THE GOODS ARE OF CHINESE ORIGIN.
	+FULL SET OF CLEAN ON BOARD BILL OF LADING MADE OUT TO ORDER OF SHIPPER AND BLANK ENDORSED, MARKED FREIGHT PREPAID AND NOTIFY APPLICANT.
	+PACKING LIST IN TRIPLICATE SHOWING PACKING DETAILS SUCH AS CARTON NO AND CONTENTS OF EACH CARTON.
	+CERTIFICATE STAMPED AND SIGNED BY BENEFICIARY STATING THAT THE ORIGINAL INVOICE AND PACKING LIST HAVE BEEN SENT TO APPLICANT BY COURIER SERVICE 2 DAYS AFTER SHIPMENT.
ADDITIONAL COND.	47A:
	+INSURANCE IS BEING ARRANGED BY THE SELLER.
	+A USD50.00 DISCREPANCY FEE, FOR BENEFICIARY'S ACCOUNT, WILL BE DEDUCTED FROM THE REIMBURSEMENT CLAIM FOR PRESENTATION OF THE DISCREPANT DOCUMENTS UNDER THIS CREDIT.
DETAILS OF CHARGES	71B: ALL BANKING CHARGES OUTSIDE CYPRUS ARE FOR THE ACCOUNT OF THE BENEFICIARY.
PRESENTATION PERIOD	48: WITHIN 21 DAYS AFTER THE DATE OF

SHIPMENT BUT WITHIN THE VALIDITY OF THE CREDIT.

CONFIRMATION　＊49：WITHOUT

任务三　修改信用证

在实际业务中,我们应该如何根据对信用证的审核,来修改信用证?

任务描述

任务一的任务描述中,张强通过学习了解了信用证的有关知识,收到来证后开始着手进行阅读并审核信用证,发现有证约不符而又无法做到的条款以及信用证存在的一些不能接受的要求,此时的张强应该怎么办呢?

任务准备

当受益人审核信用证后,发现有证约不符而又无法做到的条款或信用证存在的一些不能接受的要求时,应及时要求修改信用证。信用证的修改途径与信用证原来的传递途径相符,即由开证申请人提出,开证行审核,同意后开出信用证修改函,通过原通知行传递到受益人处。

一、修改信用证的注意事项

(1)修改应尽量一次性提出,以节省时间和费用。手续费一般由提出修改的一方负担。国内银行按修改次数计算修改费用,不按 L/C 金额大小计算。

(2)修改必须得到开证申请人、开证行和受益人的同意,否则修改无效。

(3)如修改书涉及两处以上的条款,要么全部接受,要么全部拒绝。

(4)只有在受益人收到通知行发送的修改通知后,信用证的修改才有效,才能办理装运事宜,绝不可仅凭买方"证已改妥"的通知或其他类似的通知就装船发货,由此造成的损失,由受益人自行承担。

二、改证函

由于信用证的修改必须通过开证申请人指示开证行修改,所以当受益人决定修改信用证后,要致信开证申请人提出请求。

改证函一般包括三个部分,首先应感谢对方及时开证,然后是逐项列明需要修改的条款,最后是希望能尽快收到信用证修改通知书,以便及时发货。

改证函的范例如下:

Dear sirs,

We are very glad to receive your L/C No. ABC123. Thank you for your efficient work. But we are sorry to find that it contains several discrepancies.

Please instruct the issuing bank to amend the above L/C. The L/C should be amended as follows:

①The clause of transshipment amends to "ALLOWED".
②The latest date of shipment should be "200913".
③The time for presentation is not reasonable, which should be amended to "within 15 days after the date of shipment, but within the validity of this credit".

Thank you for your cooperation. Please see to it that the L/C amendment reach us not later than Aug. 2,2020. Failing which we shall not be able to effect shipment.

Looking forward to your early reply.

Yours truly,

Rong LI

任务实施

第1步 阅读任务一任务描述中的合同和信用证,根据任务二找出的不符点,讨论是否有修改的必要,并列出所有要修改的条款。

第2步 根据第1步的内容,拟写改证函。

第3步 对在完成本环节任务中遇到的困难及解决情况进行总结。

层面	回答
职业素养方面的经验	
职业技能方面的积累	

拓展提升

上海大成进出口有限公司(下称我方)从马来西亚进口南瓜子10 000公吨,合同规定4月底以前我方把信用证开出,5月份装船。由于该商品是以销定产的,所以马来西亚公司立即安排生产以免耽搁船期。但到了4月底我方仍然未开出信用证,对方一再催问后,我方提出需要更改货物规格。这时马来西亚那边大部分货物已经备妥,已经无法更改。对此,马来西亚公司应如何处理?应该吸取什么教训?

巩固提高

1. 请简述改证函的主要内容。
2. 根据任务二的巩固提高,拟写改证函。

参 考 文 献

[1] 鲁丹萍.国际贸易实务[M].3版.北京:高等教育出版社,2021.
[2] 尹冬梅.国际贸易实务[M].北京:北京师范大学出版社,2020.
[3] 倪军.新编国际贸易实务[M].4版.北京:电子工业出版社,2019.
[4] 李秀芳.国际贸易实务案例及习题解答[M].北京:中国人民大学出版社,2014.
[5] 余庆瑜.国际贸易实务原理与案例[M].3版.北京:中国人民大学出版社,2021.
[6] 费景明,罗理广.进出口贸易实务[M].4版.北京:高等教育出版社,2018.
[7] 李正方.汇票——《票据法》的研究与贯彻[J].国际商务研究,1996(01).
[8] 马长生,田兴洪,罗开卷.违规出具金融票证罪的构成与认定[J].铁道警官高等专科学校学报,2014(2).
[9] 钟卫敏.跨境电子商务[M].重庆:重庆大学出版社,2016.
[10] 国务院办公厅关于加快发展外贸新业态新模式的意见(国办发〔2021〕24号).
[11] 曾宇骐.新冠疫情构成不可抗力的认定及法律适用问题研究[D].南昌大学,2021.
[12] 吴百福.《联合国国际货物销售合同公约》——关于合同中的违约和对违约的处理[J].国际商务研究,1988(01).
[13] 朱晓娟,宋璇.新冠疫情下不可抗力解除合同的适用规则[J].中国质量万里行,2022(01).
[14] 邱杓丹.新型冠状病毒肺炎疫情背景下《联合国国际货物销售合同公约》第79条的适用——基于与民法典不可抗力制度的比较分析[J].温州大学学报(社会科学版),2021,34(04).
[15] 张燕芳.国际贸易理论与实务[M].2版.北京:人民邮电出版社,2021.
[16] 周凌轲.国际商品贸易合同法[M].北京:中国财富出版社,2019.
[17] 黎孝先,王健.国际贸易实务[M].7版.北京:对外经济贸易大学出版社,2020.
[18] 洪雷.进出口商品检验检疫[M].2版.上海:格致出版社:上海人民出版社,2012.
[19] 曾琇.外贸单证实务[M].北京:科学出版社,2016.
[20] 曾琇.外贸单证实务工作页[M].北京:科学出版社,2016.